速い人の

言語化

How To Verbalization For Quick Thinking People.

のコツ

株式会社TAKUMU代表取締役

金山拓夢

SOGO HOREI PUBLISHING CO., LTD

誰しも、一度は次のような経験をしたことがあるのではないでしょうか。

丁寧に説明しているつもりでも、
相手にきちんと伝わらなかった……

とっさに何か答えなければいけないとき、
頭が真っ白になった……

言いたいことをうまく言葉にできず、
もどかしい思いをした……

自分の気持ちを伝えたいのに、
言葉に詰まって「もういい！」と
会話を拒んでしまった

意見を求められても、
「うーん、いいと思います」と
ぼんやりした言葉しか出てこなかった

落ち込んでいる友達を励ましたいのに、
どんな言葉をかけたらいいのか分からなかった

こんなふうに、
言葉にしたくてもうまく言葉が出てこないときは、
そんな自分が嫌になりますよね。

このような経験をすると、
その場では情けなく思ったり、
どうにかしなきゃと思ったりするものです。

しかし、

自分の **言語化力** に意識を向けていなければ、
忙しい毎日の中でそんな思いは
すっかり忘れていってしまいます。

普段のコミュニケーションは今まで通りできているから、
別に自分の言語化力に問題があるとは思わない。

たまたま今日は調子が悪かっただけだ。

そして、忘れたころに
また前と同じような失敗をしてしまう……。
その繰り返しではないでしょうか。

これらの言葉に関する悩みは、
ただ単に言葉が出てこなかったのではなく、
言語化ができなかったということです。

まずは言語化ができなかった自分を受け入れることが、
言語化力を高める最初のチャンスです。

今この瞬間から、
自分の想いや考えを言語化することに
意識を向けるだけで、
意識を向けていない人と、
どんどん人生の差が開いていきます。

自分の人生を好転させるための一歩を、
今、踏み出しましょう!。

はじめに　言語化できる人から順に信頼されていく

本書でこれから解説していく「言語化力」とは、**相手に分かりやすい形で自分の考えや意見を伝える能力**のことです。

言語化ができるようになると、自分の想いや考えが相手に伝わるようになり、人間関係が驚くほど変わります。仕事はもちろん、友人、恋愛でも良い関係を築くことができます。さらには、ありきたりな言葉ではなく、あなただけの言葉で想いを伝えられるようになります。

自分の言葉で話せる人は、やがて人から信頼されるようになり、結果的に自分に自信を持てるようになります。信頼が生まれるとき、そこには次ページのイラストのような思考のプロセスがあります。

反対に、第一印象で「この人は何が言いたいのだろう?」「言いたいことは分かるけど、一緒にいるのはちょっと難しそうな人だな」と思われてしまうと、それは違和感として心の壁となり、自分と相手を遠ざけてしまいます。

言語化ができない人と一緒にいるときの思考プロセス

言っている意味がよく分からないな…

話が長いな…

自分のことばっかり喋ってるな…

一緒にいると疲れるな…

なんだかコミュニケーションコストがかかるな・・・

ちょっと距離を
取ろうかな…

言語化ができる人と一緒にいるときの思考プロセス

この人とは話が合うな…！

もっと話をしてみたい…！

このように、相手に心地いいと思ってもらうため、そして心の壁を越えるためには、「言語化できる」ことが必須条件なのです。性格がどれだけよくても、第一印象でそこまで見てもらうことはできません。まずは言語化できているかどうかが、「この人と関わろうかな？」「信頼できる人かな？」といった判断材料になるのです。

そうは言っても、言語化が苦手な人は「でも、何をどう話せばいいのか分からない」と思ってしまうでしょう。実は、自分の想いや考えを言語化するにはコツがあります。それはそんなに難しいことではなく、**日常からちょっと意識すれば、変えていけることばかり**です。本書では、そのコツをお伝えしていきます。

言語化のコツを押さえるだけで、次のような未来が待っています。

- 語彙力不足、表現力不足から抜け出せる
- 自分の言葉に説得力を持たせることができる
- 意見を求められたとき、スッと自分の考えが伝えられる
- 自分が大切に思う人を笑顔にできるような言葉をかけられる
- 自分だけの言葉で人からの信頼を得られる

言語化することで人生が変わる

本書で解説する言語化のコツが、人生を好転させていくきっかけになるはずです。自分の人生を好転させる手段として、「資格取得のために勉強をする」「条件のいい会社に転職する」など方法はいろいろありますが、「言語化する」ことによる効果はそれらを大きく上回ります。

僕は「好きを仕事にする事業者を増やす」というコンセプトのもと、主にSNSのコンサルティング業務を行っています。どうやってSNSを集客につなげていくか、どうすればSNSを収益化できるかということをアドバイスしています。そのためには、当然ですが自分の考えを言葉にしないといけません。

もし言語化できない場合、どれだけ素晴らしいアイデアを持っていたとしても、頭の中が整理整頓されないまま言葉にすることになり、その考えは伝わりません。伝わらなければお客さまが求めているような結果を出せず、顧客満足度は下がり、クチコ

言語化力を身につけると、信頼度が上がる

ミも広がらず、次のお客さまにつながることもありません。

SNSを使って仕事をしているということもあり、Instagramでよくライブ配信をしています。ライブ配信では、悩み相談を受けて即興で解答しているのですが、「**その場で答える**」ことが視聴者から好評をいただいています。

即興なので、どんな質問がくるかは事前に分かりません。それでも、「**答えが頭の中に出てきた瞬間、すぐに言語化すること**」をずっと意識して続けています。

それを繰り返すことで、「この人は頭の中の引き出しがたくさんある人だ」と思ってもらえるようになり、**いつしか信頼度も上がり、影響力も出てくるようになりました**。

これにより、コンサルティングの依頼が増え、自然とその満足度を周りに伝えてくれる人も多くなり、さらに依頼が増えるようになりました。

これはほんの一例にすぎません。**言語化力を身につけると、仕事の幅や自分のできることがどんどん広がっていく**のです。

言葉にするのが苦手な人は、仕事でもプライベートでも、自分の言いたいことを分かってもらえない、こんなはずじゃなかったのに……ともどかしい思いをしているでしょう。

言葉が伝わらない経験が増えていくうちに、「聞き上手が大事らしいから、聞き役に徹すればいいや」「そもそも人と話すの好きじゃないし……」と考えてしまい、自分が話さなくてもいい場所を選んだり、人に伝えることを諦めてしまいます。

家族や友達と日常会話をする分にはその考え方でもいいのかもしれませんが、それだとずっと同じ人間関係の中で生きていくことになります。それはすごくもったいないことだと、僕は思います。

「話す」ではなく「伝える」

「話す」と「伝える」は似ていますが、全くの別物です。「話す」は「自分が考えた言葉を、相手が理解できるか考えずに伝える行為」であり、「伝える」は「相手が理解することで成立するコミュニケーション手段」です。

「伝える」ことがうまくならない限り、人間関係は広がりません。

例えば、自分が好意を持っている相手に気持ちを伝えることを、「好意を話す」とは言いませんよね？「好意を伝える」と言います。「話す」ではなく伝えないといけないのに、「話す」と「伝える」を同じことのように考えてしまっていませんか？普段から「伝える」ことを意識していないと、いざ伝えたいときに自分の想いを伝えることはできません。

また、プライドや周囲の目を気にして、「これを言ったら変に思われるんじゃないか」と自分の中にある考えにとらわれてしまうと、言葉にするのが怖くなります。

しかし、極端に思われるかもしれませんが、「伝えなければ死ぬ」という場面は実際にあります。過労死寸前なのに「休みたい」「辞めたい」ということを伝えられないと、最悪の結果になってしまうこともあるわけです。

無意識のうちに言葉に縛られていませんか？

「今のままでも自分の考えは言葉にできているから、私には関係ないかな……」と思っている人でも、この本を手に取ったことをきっかけに、いま一度自分の言語化力、そして伝え方を見直してみてください。

人が使っている言葉は、その人の生きてきたルーツのようなものです。**言葉にはその人のクセが現れます**。

例えば、「〜と思います」と自分の言葉に責任がかからないように保険をかけたり、「私なんか……」といった自分を下げる言葉を使う、などです。

育った環境の中でコンプレックスを持ってしまい、「自分は上に立ってはいけない、目立ってはいけない」という感情を持ってしまうと、使う言葉も知らず知らずのうちに固定されていきます。そうして出来上がった言葉を発するうち、よりネガティブな自分を形成してしまうというのはよくあることです。そういった言葉に縛られないためにも、言語化力を身につけることが大切なのです。

「言語化」は自分を変えるためのキーアイテム

今自分が置かれている状況は、今まで自分がやってきたこと、そして自分自身の言葉によって形成されています。毎日憂うつな気分で生きている人の周りには悲観的な人が集まるように、**自分が毎日使っている言葉が今の状況を作っていることを考えたら、言葉をコントロールできないことが自分の人生に与える悪影響は計り知れません。**

だからこそ、まずは自分が発する言葉で自分の行動を変えていかなければいけません。例えば、人に「5キロ痩せる！」と毎日言い続けていたら、「言った以上は痩せないと……」と行動を変えますよね。このように考えると、「自分の想いを言葉にすること」、つまり**「言語化」は自分を変えるためのキーアイテム**であるといえます。

人生の中で「私は何も変えません！」という人は、まずいません。絶対にこれから先の何十年もの間に何度も決断の場面がありますし、自分の考え方や行動を変えていく必要が出てくるでしょう。言動が変わらなければ、現実を変えたいと思ったタイミングがやってきたとしても変わらないし、変えられないのです。

言葉は一生使うものです。そのため、言語化力を磨くのは、早ければ早いほどいいでしょう。早く身につければ、それ以降の人生が充実して豊かになります。これはどの年代であっても、絶対に必要だと言い切れます。

「**自分の今の言葉が、自分の未来を創る**」

この本を手に取ってくれたあなたにとって、言葉が人生を好転させるきっかけになれば本当に嬉しく思います。

金山拓夢

目次

言語化のなぞ

言語化をする前に必要なこと

第3章

日常会話こそ言語化のチャンス

第4章

見落としがちな言語化のコツ

第5章 言語化の再現性を高める方法

第6章 言語化できる人であり続けるための習慣

ＤＴＰ：横内俊彦
ブックデザイン：木村勉
イラスト：はるかんぼ
校正：新沼文江
編集協力：月野るな
編集：市川純矢

第1章

言語化のなぞ

そもそも、言語化ってなんだ？

言語化がうまいってどういうこと？

誰かが話しているのを聞いて、「この人、言語化がうまいな」と思ったことはありませんか？　言語化がうまい人は、その場の状況や聞き手のことを考えたうえで言葉を選んで話しています。相手がピンとくるような言葉を使ったり、話のポイントを端的にまとめたり、例え話を交えながら話しているから、分かりやすく伝わるのです。

言語化が上手な人の話は、聞いているだけでスッと入ってきます。これはつまり、**聞き手が話の内容を正しく理解できるように伝えられている**ということ。これが「言語化がうまい」の正体です。

「言語化がうまい」人の共通点

覚えている方も多いかもしれませんが、２０２０年に芦田愛菜さんが主演した映画のイベントで、司会者の「信じるとはどういうことだと思いますか？」という質問に対して、次のように答えました。

「その人のことを信じようと思います」という言葉って結構使うと思うんですけど、「それってどういう意味なんだろう？」と考えたときに、その人自身を信じているのではなくて、自分が理想とするその人の人物像みたいなものに期待してしまっていることなのかなって。

だからこそ、人は「裏切られた」とか「期待していたのに」とか言うけれど、別にそれはその人が裏切ったとかそういうわけではなくて、その人の見えなかった部分が見えただけであって。その見えなかった部分が見えたときに、「あぁ、それもその人なんだ」って受け止められる、揺るがない自分がいるっていうのが信じられることなのかなって思ったんですけど。
でも、その揺るがない自分の軸を持つのってすごく難しいじゃないですか。だからこそ、人は「信じる」って口に出して、不安な自分がいるからこそ、成功した自分だったりとか、理想の人物像だったりにすがりたいんじゃないかなぁって思いました。

このコメントはたちまち拡散され、ＳＮＳやマスコミなどで「言語化がうまい」「感銘を受けた」「どうやったらこんなふうに話せるんだろう？」などと多くの反響がありました。

あらかじめ準備したスピーチではなく、突然の質問に自分の言葉で答えているにもかかわらず、今では「名言」と言われるほどになったこのコメントは、**「言語化がうまい」人に共通する3つのポイント**を押さえています。

❶ 聞く人のことを意識して、伝わるように言葉を選ぶ
❷ 難しい言葉よりも、相手が理解しやすく分かりやすい言葉を使う
❸ 自分自身の実体験から得たこと、考えたことから話す

「言語化する」ことは、相手に自分の考えや想いを伝えることですから、基本的に**相手を想う気持ちがないと成立しません**。

相手に伝わるかどうかを考えることが、言語化の基本です。それはとてもシンプルなことであり、難しく考える必要はありません。

これは言語化できているとはいえません

言語化が苦手な人は、つい「そうですね」「いいと思います」といった言葉を会話の中で使いますが、**これはただの返事であり、言語化できているとはいえません**。

なぜそうだと思ったのか、なぜいいと思ったのかを整理して伝える必要があります。

例えば、「この企画についてどう思う？」と聞かれたときに、「いいと思います」だけではなく、「今ネットで話題になっているものなので、いいと思います。以前も、ネットで話題になっているものを取り入れたA社の企画がよく売れてましたよね」というように、過去にどんなケースでどのように適用されたかを実際の事例として挙げ

なぜいいと思ったのか、整理して伝えよう

ると、相手はリアルにイメージでき、理解しやすくなります。

相手のことを考えるだけで結果が大きく変わる

言語化するときは、**自分が上手に話すことに意識を向けるのではなく、いかに相手に伝わるかに意識を向けることが重要です**。

例えば、プレゼンテーションをするにあたって、「上手に話さなきゃ!」と意気込むあまり、難しい専門用語を使ってしまったり、大げさな言葉を使ってしまったりして独りよがりな時間になってしまい、その結果相手を置いてきぼりにしてしまうということがよくあります。そして、プレゼンテーションが終わったあと、聞いてる人は「なんだかスゴイらしいけど、よく分からなかった……」となってしまうのです。

相手に伝わるかどうかに意識を向けると、分かりやすい形で言葉にしようとします。言語化する前に相手のことを考えるだけで、結果は大きく変わるのです。

ポイント

言語化はただ言葉を出せばいいわけではなく、相手に「伝わる」ことが重要。自分が上手に話そうとしなくていい。相手に伝わるかどうかに意識を向けると、自分勝手に話す時間は少なくなる。

言語化はこんなに大事

人は言語化しなければ分かり合えない

言語化というのはとても面倒です。自分と相手との関係性や、言うべきこと、言ってはいけないことなどあらゆる前提条件や可能性を考慮したうえで、自分がどう思っているのか瞬間的に分かりやすい形で言葉を選ばないといけないのですから。

言葉にしないで自分の考えていることが相手に伝わるなら、どれほど楽でしょう。

「そもそも、なぜこんなに面倒な言語化をしないといけないのか」と疑問が生まれたときは、まずは「**なぜ言葉が生まれたのか**」を考えることで、言語化への理解が深まります。言葉を使う能力は、人間特有のものです。人間以外の動物は、コミュニケーションや情報伝達のために鳴き声や音などを使うことはあっても、言葉という複雑な形態の音を発することはありません。

言葉が発達した要因にはさまざまありますが、中でも、

- 自分の考えや気持ちをほかの人に伝えるため
- ほかの人の言葉を聞いて、理解を深めるため
- 文化や知識を受け継ぐため

といったことが考えられます。こうしてみると、言葉が考えや気持ちを伝え合ったり、共有したりするために大きな役割を果たしていることが分かります。**もし言葉がなければ、お互いを分かり合うことも、自分の気持ちを伝えることもできません。**

言語化することは、人がコミュニケーションをとるうえでなくてはならないものであり、生きていくために必然であるといえます。

言語化しないことは命にかかわる

言語化は危険を知らせるための手段であり、**言語化できるかできないかによって命にかかわる**ことがあります。

進化の過程でまだ言葉がなかったときは、危険な動物がいることや危険な状況を具体的に伝える方法がなかったため、多くの人が命を落としました。

人が言葉を話せるようになってからは、「あそこに危険な動物がいる」「あの場所は危ないから行ってはいけない」といった情報を伝えることで、協力し合い安全な生活を送れるようになりました。

安全が確保されると、仲間同士で助け合ったり、経験から得た知識を次の世代に伝えたりできるようになりました。そして、「どうすれば危険を避けて生活していくことができるのか」といったことを一緒に考えて、計画することにも言葉が使われてきたのです。

言葉がなかったころ

言葉ができてから

言語化が命にかかわることもある

夜に野外で眠らなければいけない状況になったとき、火を燃やしておくことは今では常識ですが、それも火を燃やせば危険な動物が火を恐れて襲ってこないことを言語化して伝えられてきたからです。

もし、言語化されず今に伝えられていなければ、と考えると、ちょっと怖いと思いませんか？　今の常識の中には、このように脈々と伝えられてきたからこそ、私たちが安全に暮らせているというものがいくつもあります。

現代ではこのような危険なことはありませんが、それでも本書の「はじめに」でも述べたように、「**人に信頼されない**」「**人間関係が広がらない**」など、言語化できないことによる危険は形を変えて存在しています。

現代において言語化はどう重要なのか

社会が不安定で危険が多かったころと比べて、今は教訓や法律がしっかりと定着し、生活が格段に安全になりました。とはいえ、**現代社会では急速な進化が起きていて、その変化に合わせた言語化がますます重要になっています。**

特に、インターネットの普及と発展は社会に大きな影響を与え、SNSを中心に日々新しい言葉や表現が生まれています。この変化に敏感に対応し、柔軟な表現が求められているのが現代においての言語化なのです。

現代では、誰もが自分の考えや意見を表現する場を持てるようになりました。コミュニケーションを積極的にとる人にとってSNSは活用しやすいツールといえますが、一方で次のような不安を持つ人も多くいます。

- 常に言葉にし続けないと関係性を維持できないから、息苦しくなる
- 自分の考えを言葉にして存在感を示さないと、今の居場所を守れない
- 何を考えているのか理解してもらうための言語化がしんどい

また、SNSだけで過不足なくコミュニケーションがとれるかというと、そうではありません。言葉は人によって受け取り方が異なります。特にインターネットでは不特定多数に向けて発信するので、誰もが同じように理解してくれるものだと思わないほうがいいでしょう。

キーワードは言い換え力

現代の言語化を考えるうえでのキーワードは、**「言い換え力」**です。

インターネットの普及と発展により国や性別、年齢問わずコミュニケーションがとれるようになり、その中で新しい言葉や表現が生まれ続けているからこそ、言い換え力を活用した言語化が必要なのです。

現代はＳＮＳの普及などによって、世代間での言葉の使い方の違いが見られます。年齢差のある上司と部下の意思疎通ができない、といった話はよく聞きますが、こういった**世代間の価値観や意識をつなぐことができるのも「言い換え力」です**。

言い換え力がないと、コミュニケーションにおいて誤解や対立を生みます。人の争いは言葉が引き金になったり、言葉が争いを大きく複雑にし、それが戦争に発展したりするのではないでしょうか。

言葉の力は人の関係を強固にすることもありますし、その一方で、言葉の扱い方次第で人が離れ、自らの居場所を守れなくなり、共存が難しくなることもあるのです。

言語化できなければ仕事や経済も成り立たない

言語化することがなぜ重要なのかに関して、最後にお伝えしたいことがあります。それは、**言語化は単なるコミュニケーション手段ではなく、仕事を成功させ、ひいては経済を回していくツールである**ということです。

仕事の場では、自分より立場が上の人や初対面の人に説明や交渉をする機会が多くあります。言語化できなければ、これらにおいて圧倒的に不利となります。

アメリカの起業家・技術者である、アップルの共同創業者スティーブ・ジョブズは、言語化力が非常に高い人で、スピーチで数多くの名言を残しています。

「**誰も思いつかなかった世界一のアイデアを思いついても、周りを説得できなければ意味がない**」という言葉もそのひとつです。「説得できなければ意味がない」とは、つまり「上手に言語化できなければ意味がない」ということです。

彼がアイデアを言語化し、周りを説得したことで、革新的なデザインと使いやすさで市場を席巻した製品が生まれ、技術産業への多大な貢献とともに、ユーザーから多くの支持を受けているのです。今、彼の功績がどれほど経済を回しているかは、きっと皆さんもご存じでしょう。

このように、言語化ができれば、仕事において情報伝達をスムーズにし、信頼性を高め、情報の正しい共有が行え、風通しをよくすることができます。結果として、その分経済も発展していきます。

言語化が仕事や経済に与える影響は、大きく分けて次の3つが考えられます。

❶仕事上でのさまざまな人との関わりの中で、自分のアイデア、計画、意思決定などを明確に伝え、共通の理解を築ける

❷仕事をする上で絶対的に必要な契約や法的な取り決めを適切に伝え、もめ事を防ぐ役割を果たす

❸製品やサービスのマーケティング、広告、販売活動などで、顧客とのコミュニケーションや競合他社との差別化を図れる

これらの点からも、**適切な言語化は仕事や経済において非常に重要**なのです。

「言語化できないと命にかかわる」と前述しましたが、仕事においても同じことがいえます。言語化できないと売り上げにもつながらないし、仕事もうまくいかず、やがて人間関係でも孤立することになります。だからこそ、面倒であっても言語化することを諦めてはいけないのです。

ポイント

言語化することは、人の危険回避の歴史でもあり、言語化できるかできないかが命にかかわることもある。ＳＮＳが発達し、新しい言葉や表現が生まれ続ける時代だからこそ、言い換え力を鍛えて伝えること。それが仕事を成功させ、経済をも発展させる。

本来誰でも上手に言語化できる

言語化できる人とできない人がいるのはなぜ？

同じ「日本語」という言語を使っているのにもかかわらず、言語化できる人とできない人がいるのはなぜでしょうか。

言語化が苦手な要因として、次の3つが考えられます。

❶ 言語化が必要な環境にいなかった

これは、人前で話す経験が少なく、「自分の言葉がちゃんと伝わっているかどうか」を感じる必要がない環境にいたということです。

例えば、ずっと同じアルバイトをしていて、マニュアルに沿った言葉を繰り返すだけでよかったり、同じ作業の繰り返しで、特に会話が必要ない環境で働いていたりするなど、言葉でコミュニケーションをとる機会が少なかったことが要因といえます。

また、インターネットが発達している現代では、短い文や絵文字、スタンプなどでやり取りをすることが当たり前になっているため、自分の意見や気持ちを伝えることに不慣れである点も、言語化できない人に共通して多く見受けられます。

❷「伝わらなかった」「うまくいかなかった」という経験が少ない

このパターンの場合、そもそも言語化できないことが不具合だと感じていない可能性があります。言語化に限った話ではありませんが、「うまくいかない」という経験をすることにより、自分の力不足を痛感し、それを乗り越えることでようやく身についていくものです。

今言語化が上手な人も、最初から言語化できていたわけではありません。言語化できないことが問題だと気づいて、積極的に自分の考えや気持ちを伝えようとした経験を多く積んだことで、言語化力が向上したのです。つまり、言語化できる人は過去に

「言語化しなければいけない環境にいた」といえます。

日本人でも英語を話せる人、話せない人がいます。英語を話せる人は、これまでの人生の中で英語を話せなくて悔しい思いをした可能性が高いでしょう。

例えば、友達と一緒に海外旅行に行ったとき、友達は英語を話しているのに自分は英語が話せなかったといったシチュエーションがまさにそうでしょう。

このような経験から、「コミュニケーションがとれなくて困った……」という悔しさを感じて、「英語を話せるようになりたい！」と強く思い、行動に移すことでようやく壁を乗り越えることができるのです。

❸ 言語化することへの努力や勉強不足

言語化が苦手である要因として、相手の言葉を理解し、それに対して適切に表現するための判断力や思考力、自分なりに理解し言い換えるために必要な語彙力の不足が挙げられます。これらは何もせずに身につくものではないため、意識的に努力する必要があります。

では、判断力や思考力、語彙力はどうやって身につけるのか。それは**言語化に意識を向けること**、ただそれだけです。

3つに共通するのは、**言語化が苦手な人は、自分の足りないところに気づいていない可能性がある**ということです。

言語化が苦手な人の現状

では、経験が少なく、言語化するのが苦手な人によくある具体例を、シーン別に3つ見てみましょう。

❶ 社内で「この企画についてどう思いますか?」と話を振られたとき

例「さすが◯◯さんの企画ですね。いいと思います!」

❷ 友達と一緒に映画を観に行った後

言語化が苦手な人は感情に着地しがち

例「面白かった！　最後のシーン、めちゃくちゃよかった〜！」

❸ お気に入りの動画にコメントするとき

例「今回も楽しかったです！　特に最後の部分がグッときました！」

言語化が苦手な人は、このように発言することが多いのではないでしょうか。この3つの具体例がなぜよくないのかというと、これらは、**一時的な感情からくる直感的な表現**だからです。

感想や意見を伝えるときに、「楽しい！」「嬉しい！」「懐かしい！」などの感情をそのまま喜怒哀楽の表現として着地させています。これらの言葉は、感情を伝えているだけで言語化しているとはいえません。

言語化できる人は、感情や出来事の裏にある意味や背景を言葉にします。例えば、「Aさんはなぜ最後にあのような発言をしたのだろう？　たぶんAさんは人生の中で苦悩することがあって、その苦しみを覚えていたからあのような発言になったんだろうな」というように、出来事の奥にある理由や背景を考え、それを言葉で表現することが「言語化する」ということです。

感想や意見をただ伝えるだけでは、言い換えていないので言語化できているとはいえません。言い換えて、自分なりの解釈（経験や知識）が入ることによって、その人の言葉になるのです。

言語化できるようになるためのコツ

言語化できるようになるためのコツを一言でいうと、「**多くの答えを知る**」ことです。

例えば、僕の場合だと大好きなアニメがあるのですが、それを最終回まで観ても一度見ただけでは内容を言語化することができませんでした。設定が複雑で、「このシーンはなぜこうだったのか」とか「なぜこういうせりふを言ったのか」など、細部まで理解が及ばなかったのです。

そこで、YouTubeなどで考察を見てみました。そうすることで、「ほかの人はこういう考え方で見ているんだな」と、自分では気づかなかった新たな視点が加わり、ほかのアニメを見たときも内容を言語化できるようになってきたのです。

つまり、**言語化が苦手な人が上達するためには、たくさんのサンプルや模範解答を知ることが大切**なのです。どれだけ多くの答えを知っているかによって言語化力が向上します。注意点として、ただぼーっと動画を見ているだけで言語力がアップすることはありません。目的意識を持って行動しなければ意味がないのです。

そもそも何を言語化していいのか分からない場合

言語化ができない、あるいは苦手な人は、「そもそも何を言語化していいのか分からない」ということが多くあります。最初は何をどう表現すればいいのか分からなくても、**特定のポイントに注目することで言語化のハードルは下げられます**。

例えば、アニメの主人公の感情に焦点を当て、「1話から10話までの感情の変化について思ったことを言ってみて」というような具体的な指示があれば、言語化ができるようになるでしょう。

言語化できるようになると、相手がアクションを起こしてくれる

言語化が苦手な人は、先ほどのアニメの例でいうと、アニメを見たあとの感想が「面白かった!」とか「しんどい話だった」「主人公に共感できない」というような、

言語化できると、アクションを起こしてくれる

自分自身の感情を表現することだけで終わってしまいます。しかし、自分の意見を具体的に言語化できるようになると、次のような変化が起こるでしょう。

最も大きな変化は、**相手がアクションを起こしてくれるようになる**、ということです。これは「**相互作用の原則**」といい、対話や関係において、一方が何かを始めたり行動したりすると、もう一方もそれに応じて反応することをいいます。
つまり、**相手に自分の考えや気持ちが伝われば、相手からポジティブなアクションが返ってくる**のです。お金はもちろん、好意や親近感などのアクションも返ってくるため、良い関係性の構築や、ビジネスであれば利益を得ることもできるのです。

例えば、自分が言語化できるようになると、友人はまだ一度も見たことがない、それまで全く知らなかったアニメでも興味を持って見てくれるようになり、さらにそれをまた別の人に広めてくれたりします。

最初は興味を持っていなかったものに対し、言語化したことにより、「興味を持って見る」というアクションを起こし、さらには「自分の友人に広める」というアクションをも起こしてくれるのです。

そのようなケースが実際にあります。

僕の場合は、友人に「これってタイトルから戦いのアニメだと思うだろうけど、主人公が敵と戦うストーリーじゃない。実はタイトルの○○は主人公のことを表していたんだ」というように話し始めました。すると「それってどういうこと？　もっと詳しく教えて」と興味を持ち、話を聞く態勢になってくれました。それから、最初に言ったことがどういうことか、自分がそれを見てどう思ったかを、主人公の背景などと合わせて話していくと、「見てみる！」と言って本当に見てくれたのです。

そのうちお互いに感想を言い合ったり、共感ポイントを発見したりして、より親近感を持ってもらい、これまで以上に関係がよくなりました。結局、最後まで見た友人はそのアニメが大好きになって、それを友達にまた広めて僕に報告してくれています。

これが「このアニメ面白いんだよ！」といったくらいの感想なら、聞いた相手は「ふーん、そうなんだね」という程度のリアクションで終わってしまったでしょう。

言語化力は、日常の何気ない場面でも発揮されるのです。

言語化できるようになると、仕事がうまくいく

言語化できるようになると、**仕事でも相手との関係性がよくなります。**先ほどの例を仕事に置き換えると、自分の企画や商品、考えをプレゼンテーションし、それが相手に伝わったことで行動してくれて、それをまた誰かに伝えてくれたのと同じことです。それはつまり「新しいお客さまを連れてきてくれた」ということであり、新たな仕事、さらなる収入につながります。

また、単純に新しいお客さまを連れてきてくれただけでなく、「伝えた側」と「伝わった側」の双方が、言語化する前よりも一段階解像度の高い状態になっているため、**お互いにアイデアを出し合って進化していける関係になれる**のです。

ほかにも、社内でいうと「自分の意図が伝わることで、企画が通りやすくなる」「相手の意図を正確に理解できないことによる誤解やトラブルを防げるようになり、仕事の成果が上がる」「自分ではちゃんと伝えたつもりなのに、期待通りに動いてくれなかったということがなくなる」というような、自分にとって有利な変化が起こります。これは、「**無駄にメンタルを削られることがなくなる**」ということです。

自分が言語化できていれば通常1回5分から20分で終わる会議が、言語化力が足りないために30分や1時間、下手すると1時間半かかる場合もあります。そうなると、自分はもちろんほかの人も疲弊し、「この人、結局何が言いたかったのか分からない……」「今、何について話をしているんだろう……」といった気持ちになります。そうすると、どんどん尊敬の気持ちが薄れ、信頼関係がなくなっていきます。

社外の人との関係においても、言語化ができると仕事の指示や提案など短時間で明確に伝えることができるようになり、お互い余計に疲弊することがなくなります。

世代や職種が違うから伝わらない、と諦めるのではなく、いま一度「自分はきちんと言語化できているか？」「相手の立場に立って理解できるように伝えられているか？」を考えてみてください。

言語化できるようになると、情報の整理力と引き出し力がつく

言語化できる人は「**頭の回転が速い**」というイメージがあると思いますが、頭の回転の速さとは、もともと持って生まれた先天的な才能ではなく、**これまでの人生経験から得た自分の情報に紐づけて物事を考えられるかどうか**が関係しています。

僕自身も自分の言葉選びに意識を向けたときに、これまでの経験でうまくいった話し方を取り入れたり、例え話や事例の話をするときにこれまでの人生経験を共有したりすることで、話がスムーズに進むことを実感しています。これらは、普段から意識すれば**誰でもできること**です。

例えば、僕が海外旅行でエジプトに行ったときのことです。

地元の人たちが生計を立てるために一生懸命働いている姿を見て、「日本人は感情の贅沢を味わっているな」と感じました。彼らは明日の食事のために、今着ている服を売ったりしています。

日本では滅多なことでは死にません。自分がやりたい仕事かどうかは別としても、自分の意志ひとつでいくらでもアルバイト先を見つけることができます。借金があっても最悪自己破産といった制度もあります。

しかし、海外ではそういった選択肢が限られていることに気づきました。アルバイトをしたくても、そもそも働ける店が少ないところもあるのだな、仕事がないのだな、ということを、実際に海外に行ったからこそ気づくことができたのです。

こういった経験や気づきを自分の仕事に紐づけ、コンサルティングの仕事にも生かしています。

お客さんは多くの悩みを持ってコンサルティングを受けられるのですが、実はその中で**大きな悩み事というのは本当に少ない**のです。

人生経験は、言語化に欠かせない

指示を出しても行動しない人が多く、「今のやり方で合っているのか不安です」「自分ができるのかどうか心配です」といった言葉をよく聞きます。そういう人は常に負の感情を抱えており、それが行動の妨げになっているのです。

そのようなお客さんには、僕のエジプトでの経験から、「多くの悩みや心配事は自分が悩みたいから悩むのであって、実際には大したことではありませんよ」ということをお伝えしています。

エジプト人は服を売ることを迷わず選びます。その理由は、ほかに選択肢がないからで、行動しなければならない状況にあるからです。**日本は裕福な国で、毎**

日不安だと言えるだけの時間を持てること、それは贅沢なことなのだということを、お客さんの状況に合わせて伝えます。

そうすると、自分の悩みに照らし合わせて、「本当ですね。エジプトで働いている人と比べたら、私の悩みは大したことないですね」と気づいてくれて、行動を起こしてくれるようになります。

一方、同じ景色を見ても言語化できない人は、「すごい壮大な風景だ！」とか「エジプトは活気にあふれているなぁ」といったぼんやりとした捉え方をしてしまいます。

そのため、どこかでエジプトの話題になったときに初めて、「エジプトに行ったことがあります！　ピラミッドの壮大な風景に感動しました！」「エジプトらしい華やかな柄の洋服をすごく安く買えたんです」というような、自分の感想を述べる、または行動したことを話す程度にとどまります。

残念ながら、エジプトの話題にならなければ、そのときに感じたものを思い出せないし、エジプト以外の話では引き出せないのです。

頭の回転の速さで大切なのは、いろいろな経験をしているかしていないか、経験から得た情報を整理できるかできないかなのです。

経験から学んだことを必要に応じてアウトプットする「情報の整理力」と、その時々に必要な情報を引き出す「引き出す力」の2つを備えている人が、頭の回転が速い人だといえます。

言語化できるようになると、自分を客観的に見ることができる

言語化ができるようになると、自分が話していることから「**自分はこういうふうに考えていたのだな**」という気づきを得て、自分を客観的に見ることができるようになります。

言葉を使って何かを伝えるときは、「相手が何を求めているか」「どんなふうに例えたら一番伝わるか」「相手に最も理解してもらえる伝え方はなんだろうか」などと考える必要があります。

さらに、ただ伝えるだけではなく、説得力のあるメッセージを伝えたいなら、どう

話すかも考えなければいけません。「どの言葉を使えば相手に伝わるか?」「どう話せば相手に感動や説得力を与えられるか?」など、言葉選びから表現方法までを考えると、それだけで頭を使うし、勉強になります。**自分が意図を持って相手に伝えることは、自分の成長につながり、また自分を客観的に見つめ直す手段ともなります。**

僕も以前、2時間のインタビューを受けたことがあるのですが、話している最中に自分で気づくことがたくさんありました。それは「**自分はこれまでそう思っていたんだ**」ということです。質問されたことに対して答えていく中で、例え話や即興で作った言葉に自分が驚き、「この例え話はいいな、次も使えそうだ」などと思ったのです。

その2時間の中で自分を客観的に見つめ直すことができましたし、自分の中にあった言葉の引き出しなど多くの発見があったため、勉強になりました。

同じように、皆さんも誰かと話しているうちに自分の本当の考えに気づいたことがあると思います。

人と話す機会を増やそう

言語化があまり得意でないと思っている人は、言語化する機会を積極的に設ける必要があります。**人と話す機会を増やすことで、多くの気づきを得られます**。

人と話せば意見交換ができて、「そういう考え方もあるのか」と新たな視点を得ることができます。ほかにも、自分が心を動かされた話を聞いたなら「なぜ自分はこの話でこんなに心が動かされたのだろう？」と考えることもできますし、その話し方を参考にすることもできます。

人と話す機会は自分に大きな学びを与えてくれるものですし、**日々の何げないコミュニケーションが言語化力を高めてくれます**。

「はじめに」でお話ししたように、僕はよくInstagramでライブ配信をしています。その中で、視聴者から「スラスラと言葉が出てきてすごいですね」と言われることがあります。「なぜそんなにスラスラと話せるんですか？」と聞かれて思い当たるのは、僕は小さいころから、**家に帰ると母にその日あったことを時系列通りに話す習慣があった**ということです。

悔しかったことや楽しかったことなどを全て話し、それを母が「どうしてそう思ったの？」というように、深掘りしてくれることがありました。これが僕たち親子の日課で、単純に2人ともその時間が好きだったから続けていたものですが、この日課が知らず知らずのうちに**言語化の練習**になっていたといえます。それがあったおかげで、中学校に入ってもコミュニケーションがスムーズにできたと感じています。

言語化力を高めるためには普段のコミュニケーションが大事なのですが、**「普通の会話」では言語化しようとしていないので、あまり意味がなく、ただの会話になりがちです**。

僕は母にあったことを「伝える」ことに力を入れていました。幼少期のことですから、伝えることに意識を向けていたというよりは、話が伝わったときの母のリアクションがほしくてやっていたのです。

毎日、「これは帰ったらお母さんに聞いてもらおう。こんなふうに話したら一緒に喜んでくれるかな」というように考えていたのです。普通の会話なら、母に「今日は学校楽しかった」と言い、母も「そう、よかったね」で終わっていたと思います。

「会話をする回数を増やす」よりも、「伝える機会を増やす」ことに意味があります。

言語化できるようになると、共感を呼び影響力を持つようになれる

言語化できる人は、「分かる!」「私が言いたかったのはそれ!」といった共感を呼ぶことができるため、次第に影響力を持つようになります。

言語化力がある人は、リアルに会って話すときだけではなく、SNSでも影響力がありますSNSで影響力を持つ人は、文字だけでなく、ライブ配信や動画での発信も上手です。

また、SNSのコメント欄には、秀逸な言語化された感想や意見がたくさんあり、「いいね」やコメントが集まっています。これらを見ることは面白いだけでなく、共感を呼ぶ、影響力を与えるということにおいて非常によい学びになります。

話す、書く、どちらにおいても、言葉の力で共感を呼ぶことができれば影響力を持てるようになるでしょう。SNSでの発信においても、言葉の選び方や表現を意識することが「自分の言語化力を上げる」「相手からの反応を得ることができる」といった相乗効果を生むといえます。

このように、現代では実際に会って話さなくても、SNSを使って発信したり閲覧したりすることで言語化力を磨くことができます。なにもライブや動画で自分自身が発信者となって話さなくても、**日々投稿する文章の言葉を工夫することも言語化力を磨く格好の舞台となるのです**。

自分が働く場所、活動する環境を変えるのは簡単なことではありませんが、SNS上では言語化力を武器にして影響力を高めることができます。

言語化できるようになると、健康で若々しくなれる

言語化ができる人は健康で若々しい人が多いです。人生100年時代になり、健康な状態で過ごせる期間という意味の「健康寿命」が注目されています。その中で、**言語化できることが健康で充実した生活にもつながります**。なぜなら、年齢に関係なく、一番重要なのはコミュニケーションスキルだからです。50代、60代、70代であろうとも、このスキルは必要です。

実際、僕は祖父がデイサービスでたくさんの人と交流し、コミュニケーションをとっている姿を見て、高齢であってもコミュニケーションは重要であり、幸福感をもたらすのだなと思いました。

デイサービスでは、祖父の周りにたくさんの人が集まってくるのです。そして、それを祖父は喜び、柔軟な対応力で人間関係を築いていました。そんな祖父は実に楽しそうで、年齢よりも若く見えました。

その光景を通して、年齢が進んでもコミュニケーションは幸福感につながることを確認でき、これは何歳になっても必要なことだと再確認したのです。

ポイント

言語化できる人とできない人の違いは、人生の経験値と、それを活用する環境を自らつくれるかどうかの差。感情からくる直感的な表現は言語化とはいえない。言語化できるようになることで得られるメリットは計り知れないほど多い。

第2章

言語化をする前に必要なこと

言語化をする前に必要なこと

❶「なんとなく」を自覚しよう

語彙力はコミュニケーションをとるうえで必要不可欠

言語化には語彙力が必要です。語彙力は特別な訓練で増やしていくというよりは、人生経験を積み、伝える場を増やせばそれに伴い自然と増えていくものです。

ただし、**意識せずに「なんとなく」過ごし、人と「なんとなく」会話をしているだけでは語彙力は増えません**。また、語彙力が増えても頭の中が整理されていなければ、必要なときに必要な語彙を取り出すこともできません。

語彙力は「ぼんやり」を「具体的」にしてくれる

人に自分の考えや気持ちを正確に、かつ分かりやすい形で伝えるために語彙力は欠かせません。語彙の豊かさは言葉の豊かさでもあり、語彙力があるからこそ、自分の感情や考えを的確に表現することができ、相手との共感を深められるのです。

語彙力によって具体的な言葉や表現ができるようになれば、**ぼんやりとしている抽象的な考えや感情を、より具体的かつ理解しやすいものに変換できます**。

> 手料理をご馳走になったときに、「美味しい」というだけよりも「**よく煮込んであるからお肉が柔らかくて、スパイスがしみ込んでいて美味しい！　このスパイスはすごく私好みの味です！**」と伝えると、ぼんやりしていた「美味しい」という表現が具体的になり、美味しいと感じたときのニュアンスが伝わりやすくなります。

このように、具体的に「どこ」が「どう」美味しいのかポイントを挙げることで、ただ単に「美味しい」というよりも、相手に伝わりやすくなります。

「よく煮込んである＝時間をかけてくれた」「スパイスがしみ込んでいて美味しい＝

スパイスに工夫がされていて素晴らしい」「すごく私好みの味＝気に入った」という、作ってくれた相手に感謝していることや、努力を称える気持ち、料理の才能を褒めている、美味しい料理を食べられて嬉しい、など、語彙力があることで**たくさんの感情を詳細に共有することができる**のです。

語彙力は仕事でも大いに役立つ

自分では上司に対して尊敬している態度を示し、上司の意見に賛同しているつもりなのに、なぜか重要な仕事は任せてもらえないという場合、語彙力が不足しているからかもしれません。

なんでもかんでも「はい、分かりました！」「スゴイですね！」「いいと思います！」というような返事ばかりをしているとしたら、相手は「この人、本当に分かっているのかな」「この人に仕事を任せて大丈夫かな……」と不安に思うようになります。なぜなら、**何を分かっているのか、何に対してスゴイと思っているのか、何がいいと思うのか、その肝心なところが相手に伝わっていない**からです。

特に仕事においては、語彙力があるとないとでは、相手に与える印象が成果と大きく結びつきます。

あなたが多くのデータを分析して作成した、自信満々のプレゼンテーションの資料を後輩に見せたとき、「**いいと思います**」だけの感想だったらどう思いますか？

本当に資料の内容を理解しているのか不安に思うでしょうし、その資料を作成するために多くのデータを分析した時間と労力を理解してくれていないのだなと残念にも思うはずです。そのような後輩を信頼し、重要な仕事を任せられるかといったら、答えはＮＯでしょう。

この場合、「競合他社との差別化が明確に分かる、素晴らしい資料だと思います」など、なぜいいと思うのか具体的な理由を挙げてもらえると、「ポイントを分かってくれている。これならプロジェクトを任せられそうだ」といった信頼が生まれます。

「なんとなく」が言語化のチャンスを奪っている

言語化をする前に必要なことは、次の3つです。

❶「なんとなく」を自覚する
❷頭の中を整理する
❸相手のことを考える

たった3つですが、このポイントを押さえている人と押さえていない人では、言語化力に大きな差がつきます。

気づいていないだけで、これまでの人生で、または日常の中で「なんとなく」行っている言動は結構あるのではないでしょうか。

よくあるのが、**「なぜ？」と聞かれて「なんとなく」と答える**ことです。

「なぜ今日はその服を着たの？」「え、なんとなく今日は暖かそうだったから」とか、「なぜ今の仕事を選んだの？」「んー、なんとなく働きやすそうだったからかな」といったやり取りは、思い返してみると多いでしょう。

自分では当たり前だと思っていることの多くは、「なんとなく」で片づけられてしまいます。「朝起きたら、なんとなくスマホを見る」「今日食べるご飯をなんとなく決める」「なんとなく『はい』と答える」というように、無意識の言動が一日の多くを占めています。

人は日常生活での思考や行動の95％を無意識で行っています。これは、歩く、食事をする、話すなどの簡単な動作から、複雑な意思決定や感情表現に至るまで、広範囲にわたります。

例えば、毎朝学校や会社に向かう際、特に考えることなく目的地に到達できるでしょう。途中赤信号で止まる、電車が来たら乗り込むなど、行動のほとんどが考えずに行われています。なぜなら、これらは「当たり前」のことだからです。

同様に、日常の会話でも、相手の表情や声のトーンに合わせて自動的に反応したり、感情を表現したりします。これは、大部分の行動が脳の無意識の領域で制御され、そのプロセスを自覚していないからです。

まずは、これらの「なんとなく」を自覚する、つまり「無意識」の言動を見直してみることから始めましょう。無意識でのことなので全てを自覚するのは難しいですが、**見直しポイントは「普段自分が当たり前だと思っていること」**です。

語彙力を上げるためには、わざわざ学習するよりも自分の「なんとなくを自覚する」ほうが近道なのです。

自分の「なんとなく」を自覚するには どうしたらいいのか

自分の日常にたくさんある「なんとなく」、つまり「当たり前」は生活に溶け込むことで、物事を理解する際に必要な思考プロセスを省略します。

当たり前と思うことによって、どうしてそうなるのか、なぜそのような状態になるのかといった根本的な理由を考えることなく、起こった出来事や状況をあるがままに受け入れるようになります。それはとても楽なことですが、その結果、物事の本質やメカニズムを深く理解せずに、単に「当たり前だから」と納得して、それ以上考えることをやめてしまうのです。

自分の「なんとなく」を自覚するためには、「なんとなく」ではなく「**根拠を持って全部を考える**」ようにしてみてください。これまで「なんとなく」だった物事や状況に対して、ただ受け入れるのではなく、徹底的に理解し、説明できるようにするのです。

例えば、野球を見ていてピッチャーが投げるボールを「このピッチャーのボールは速いなぁ」とそれ以上考えることなく見ているのであれば、まずはなぜそのボールが速いのかを考えてみましょう。

最初のうちは深く考えられないため、ただ力を込めてボールを投げれば速くなる、と思っているかもしれません。

「なんとなく」を受け入れないように

でも、実はその速さには仕組みやメカニズムがあります。腕を振りぬく速さや足腰のふんばりなど、投げるときに加える力がボールに働きかけ、それによってボールが速くなるのです。

なぜボールが速いのかを考えると、物理的な原理があることに気づき、それを言葉で説明できるようになります。

興味を持って仕組みを理解することで、単に「なんとなく速い」と感じるだけでなく、なぜそのようなことが起きるのかが分かるようになります。これが「根拠を持って全部を考える」ということです。

気になったら調べればいい

「なんとなく」な部分がなぜそうなっているか理解すると、新しい気づきが次々と生まれ、自分の中で連鎖的に発見が広がります。これにより、**今まで当たり前だと思っていたことを見直す機会が増え、新たな視点を身につけることができます**。

現代では、スマートフォンやパソコンを使って、気になる情報をすぐに調べることができます。「今日は何を食べに行こうかな?」と思ったら、レストランの口コミや評価をスマートフォンで検索し、その場でどこへ食べに行くかを決めることができます。また、ちょっと気になったことや、もっと知りたいと思ったことも、検索すれば簡単に情報を入手できます。

このような便利な時代に生まれたなら、活用しなければもったいないと思いませんか? 先ほどの例で言えば「あのピッチャーの投げるボールは速いな。なぜボールは速いのだろう?」と考え、すぐに検索すればいいのです。

そのような視点を持てば、これまで「なんとなく」思っていたことや「当たり前」だと思っていたことから多くの発見があるでしょう。それに、その場で解決したほうが記憶に残りやすくなります。

「当たり前」になっていることを深掘りしてみる

「なんとなく」を自覚するには、「当たり前」と思っている自分の日常の行動や選択について、「**なぜそれをしているのか？**」と改めて問い直してみることです。

例えば、「なぜ私は今の職場で働いているんだろう？」「今やっている作業にはどんな意味があるんだろう？」というように、仕事の背後にある動機や理由を考えてみると、自分が大切にしているものをより明確に理解できます。

同様に、「なぜ私は毎朝この時間にご飯を食べているんだろう？」「私が好きなこの料理は、なぜ好きだと思うんだろう？」というように、好きな食事や食習慣についても疑問を投げかけることで、自分自身の好みや健康への意識が浮かび上がります。

「当たり前」に「なぜ」をぶつけてみよう

僕は深夜にコンビニに行くことが多いのですが、よく買うものがあります。マルチビタミンの野菜ジュースと、塩むすび、おでんです。

「当たり前」を深く考えてみよう

あるとき、「なんで自分はこの組み合わせをよく買うんだろう」と考えたのです。日常の中で当たり前になっていることを問い直してみると、「気温が下がった寒い深夜に、おでんの温かい汁を飲むのが好きなんだな」と気づきました。

さらに、おにぎりをシンプルに塩むすびにするのは、おでんの味を大事にしたいから、そして深夜に食事をすることへの無意識の健康対策として、ビタミンの摂取に気を使っていることにも気づいたのです。

深く考えない思考グセがついていませんか？

人が「当たり前と思うこと」は、住んでいる国の文化や社会的背景、また個人の生きてきた中での経験や環境などによって形成されていきます。人と多く関わることで「自分の当たり前は、人の当たり前じゃない」ということに気づくものですが、その**「自分の当たり前」について深く考えることは、意識しないと考えないものです。**

「当たり前」を深掘りするということは、自分に対して好奇心を持ち、疑問を持つということです。

もう記憶に残っていないかもしれませんが、2歳から5歳くらいまでの幼少期において、「なぜ鳥は空を飛べるの？」「なぜご飯を食べないといけないの？」といった素朴な疑問を親や周りの大人に積極的にぶつける、いわゆる「なぜなぜ期」が誰にでもあったはずです。どんなことにも興味を持ち、疑問を抱き、あらゆる「なぜ」について、気になったらすぐに質問をしていたでしょう。

この時期の子どもは言葉の発達が進み、自分の好奇心や疑問を表現する手段として質問をします。「質問をする」「答えを得て学ぶ」、この経験が言語化力の形成に大きな影響を与えています。

この「なぜなぜ期」に親が忙しかった、また面倒くさがって「それが当たり前だから」「分からない」というように適当に回答していた場合、好奇心や学ぶ意欲が損なわれてしまいます。「よく分からないけど、当たり前ってことなんだ」「質問しても答えが分からないなら、もう考えるのをやめよう」と考えるようになり、「よく分からないけど、当たり前」「なんとなく」が身についてしまったということは大いにありえます。

好奇心を持ったり、疑問を持ったりする機会がなければ、日常のあらゆる出来事は当たり前なこととして無意識で納得してしまい、深く考えない思考グセがついてしまうのです。

いま一度、幼少期のように自分の当たり前を「なぜだろう?」と意識してみて、疑問に思ったことを深掘りしてみましょう。そうして「当たり前」を自覚していくことが、言語化の非常に重要なポイントです。

言葉には無意識にリミッターがかかっている

頭の中ではアイデアや言いたいことがたくさんあるのに、それを実際に発言したり外に出そうとしたりするときには、無意識に言葉の取捨選択やセーブをしています。「**これを言ったら嫌われてしまうのでは**」と、自分がどう思われるかを気にするあまり、無意識に言葉にリミッターをかけているのです。

イギリスの作家、エドワード・ブルワー＝リットンが残した言葉に、「**ペンは剣よりも強し**」という名言があります。言葉には潜在的な力があり、「思想や言論が人に与える影響は、武力よりも強い力を持っている」という意味で使われます。ここから読み取れることは、**相手や状況によっては、言葉は人をひどく傷つけてしまう恐れがある**ということです。

言葉の力を自覚しているため、人は無意識に言葉を選びます。しかし、この取捨選択がもたらす言葉のリミッターによって、ときには**自分の感情にふたをしてしまう**こ

言うほどのことでもないかな・・・

ともあります。

「言葉のリミッター」は、無意識のうちに自分自身にかけた「○○してはいけない」という「**感情のリミッター**」でもあるのです。

子どものころは、思ったことを全部言っていたはずです。それが次第に、「そんなことを言ってはいけない」とか「目上の人に対する言葉遣いがなっていない」とか、「こういうときはこんなふうに言うものだ」など、いろいろな人から言葉の取り扱いについて矯正されるようになります。

そういった社会の暗黙のルールによって、「頭の中には浮かんでいるけれど、言葉にはしないほうがいいかな」「わざわざ言うほどのことでもないかな」と、自ら言葉の選択に制約をかけていくことになります。

こういった経験から、自分の考えや感情と、実際に出てくる言葉にギャップができていくのです。

トレーニングよりも、まずはリミッターを外そう

言語化のトレーニングとして、「見える範囲の物の名前を1分で20個言う」とか、「歩いているときに街の風景を実況中継する」などがあります。

もちろんそういったトレーニングをすることは、何もしないよりは言語化力は上がるでしょう。しかし、自分の中に「言語化のリミッター」があることを認識しないままでいると、このようなトレーニングをしてもリミッターがかかったままなので効果が半減します。

一般的にいわれている「言語化力を上げる方法」などの既存のアプローチや誰かのまねをするのではなく、「なぜ自分はそれを行うのか」を考えることが先決です。手段の前に目的を明確にすることで、行動や選択がより意味あるものになるのです。

必要なときに意識スイッチをオンにしよう

先ほど述べたような言語化のトレーニングをしている間は、確かに言語化の幅は広がります。しかし、ずっとそれをやり続けることは難しいでしょう。忙しい毎日の中で言語化のトレーニングが後回しになってしまい、また元通りの自分になってしまうからです。

筋トレやダイエットと同じように、続けている間は変化を実感できるかもしれませんが、それに甘んじてストップしてしまえばすぐに元の体形に戻ってしまいます。

スピーディーに言語化力を上げていくためには、無意識レベルから変えていかないといけません。練習して上げるものではなく、根本の考え方を変えることで、**日常生活全てが言語化の練習の場になります。**

ずっと考え続けるというのは相当疲れるものですが、人は本来なにかしらいろいろなことを考えているものです。その中には、意識して考えていることと、「なんとなく」無意識で考えていることがあるでしょう。無意識に考えていることを意識できるようになれば、自分の考えていることや感情を意識的にキャッチできます。

これは、**「四六時中思考を続けよう」というのではなく、意識しようと思ったときにスイッチをオンにできる状態であればいいのです**。人間である以上、ぼーっとする時間も絶対に必要です。

「自分の当たり前に意識的になること」によって無意識から脳のスイッチをオンにできれば、言語化するときにもパッと必要な引き出しを開けられるようになり、言語化力が上がっていきます。つまり、**無意識領域を意識レベルに持ってくることで、自然と語彙が増える**のです。

人は外側から得た情報や刺激に対して、なんとなく「面白い」「嬉しい」「楽しい」「不安」「つまらない」などの感覚的に反応している時間のほうが圧倒的に長いのですが、それらの当たり前になっていることを「なぜ？」と問い直すことで、その理由や感情に当てはまる言葉を探すようになります。

語彙力は「難しい言葉を並べること」ではありません

語彙力というと、今まで使ったことのない知らなかった言葉とか、「意識高い系」といわれる人がよく使うようなカタカナビジネス用語とか、そういう言葉を身につけるというイメージを持ってしまうのではないでしょうか。これは多くの人がハマりがちな落とし穴であり、**難しい言葉や周りが知らない言葉を使っても、結局聞き手に伝わらなければ意味がありません。**

例えば、上司から「アジェンダを共有しておくので、会議前に見ておくように」と言われても、アジェンダという言葉を知らなければ「何を共有？　何を見るの？」となるでしょう。同じように、「もっと俯瞰して物事を見たらどう？」とアドバイスをもらっても、俯瞰という言葉にピンとこなければ、「結局どうすればいいの？」となって伝わりません。

名言は意外とシンプル

わざわざ難しい言葉を追加するよりも、今知っている言葉で単語の選択や配置を変えるほうが、自分の考えは伝わりやすくなります。むしろ、**すごく簡単な言葉で伝えようとする人のほうが言語化できている人が多い**です。

例えば、名言といわれるものは、非常にシンプルな言葉でありながら深い意味を持っています。

僕はイチローさんの名言が好きです。

「小さいことを積み重ねることが、とんでもないところへ行くただひとつの道だと思っています」

「何かをしようとしたとき、失敗を恐れないでやってください。失敗して負けてしまったら、その理由を考えて反省してください。必ず将来の役に立つと思います」

など、数多くの名言がありますが、どれもシンプルな単語なので誰が聞いても理解でき、なおかつ非常に説得力のある言葉です。

このイチローさんの名言からも分かるように、大事なのは難しい言葉を使うことではなく、簡単な言葉の中に込めた深い意味や経験を伝えることです。

語彙力アップに必要なのは、語彙力帳とか辞書とかを読んで、知らない単語を頭の中に入れ込む作業ではありません。今、知っている言葉から相手に届く言葉を選び、効果的な順番で、どう言語化に結びつけるのかが語彙力アップにつながるのです。

ポイント

言語化力を上げるためには、まず自分の「なんとなく」という言動を問い直すこと。当たり前だと思っていたことには理由があり、そこに気づき言語化することで語彙力が上がる。語彙力は難しい言葉を使うことではなく、相手に伝わるかどうかが重要。

言語化をする前に必要なこと
❷頭の中を整理しよう

言語化にもＴＰＯがある

自分の「なんとなく」を自覚する。当たり前だと思っていたことを深掘りする。その中から多くの気づきを得る。そして、語彙力を上げて言語化することの必要性を前項でお伝えしてきました。次は、自分の頭の中を整理する必要があります。

語彙が増えてきても、頭の中が整理されていなければ必要なときに必要な言葉が出てきません。また、その状態では「何を伝えればいいのか」が分からなくて当然です。

頭の中を整理することは、クローゼットをきちんと整えるのと同じことです。頭の中に自分の知っている言葉がならんでいて、そこから必要な言葉を引き出していく。それは、整理されたクローゼットの中から、洋服を選ぶ際に「いつ、どこに行くの

言葉の引き出しは整理できる

洋服にＴＰＯがあるように、言語化にもＴＰＯが必要です。

ゴール地点を決めると頭の中が整理できる

前項のプロセスで自分の語彙力がアップしてきたと感じたら、次に考えるべきは「ゴール地点はどこなのか」です。

言語化のゴールは、相手に対して「どのように行動を起こしてもらうか」ということです。そのために、「何をどのように伝えるか」「自分の中にある語彙の、どの言葉を使うか」を考えなければいけません。

要は、「相手はどんな人なのか」「どういうところを大事にしているのか」「どんな言葉を求めているのか」「こちらに何を期待しているのか」を理解してからでないと、言語化の前に、自分の頭の中が整理できないのです。

以前、「将来起業をしたい」と考えている高校2、3年生に向けて講演をしたことがあります。そのときは、普段仕事仲間と話しているような専門的な内容では十分に伝わらないと思い、自分の語彙の中から、専門知識のない高校生でも分かるように言葉を選んで丁寧に話しました。

その結果、講演前には「起業も興味あるけど、実際どうなんだろう……」と悩んでいた生徒の多くが、講演後には起業を将来の進路として具体的に考えてくれるようになりました。

どんな順番で伝えれば届くのか

言語化の重要性は痛いほど分かっているのに、それをどういう順番で、どういう言葉を使えば相手に届くのかが分からないという人も多いでしょう。

言語化には、**結論・理由・具体例・結論の流れに沿って話すPREP（プレップ）法**という、相手に自分の考えを分かりやすく伝えるためのフレームワークがあります。

また、**描写、説明、提案、結論（選択）の流れに沿って話すDESC（デスク）法**というフレームワークも使いやすいのでオススメです。

フレームワークは、その型を覚えて使うというよりは、ポイントを押さえるだけで十分です。それだけで、シンプルかつ伝わりやすい言語化ができるようになります。

フレームワークを使う利点は、次のようにさまざまあります。

- 構造化するので、整理された形で情報を伝えるのに役立つ
- 特に複雑な話題や、重要なポイントを伝えるときに有効
- 主張や提案を論理的かつ体系的に提示できるため、説得する際に効果的
- 相手を引き込み、自分の伝えたいことをクリアに伝えられる
- 聞き手が理解しやすいため、コミュニケーションエラーが防げる
- ビジネス、教育、日常のコミュニケーションなどさまざまな場面で活用できる

例えば、上司からプレゼン資料の進捗を聞かれたときは、ＰＲＥＰ（プレップ）法やＤＥＳＣ（デスク）法を次のように使って対応できます。

- 結論「プレゼン資料は明日には提出できます」
- 理由「今、資料に入れたいと思っている当社とA社、B社のサービス比較表を作成しているところです」
- 具体例「今回プレゼンさせていただくC社は、A社とB社のことも気にしておられました。資料にサービス比較表を入れることで、当社のサービスのよさを実感していただけると思ったからです」
- 結論「その表が今日には作成できるので、明日には提出できます」

次にDESC（デスク）法です。

- 描写「現在資料を作成中で、あとはサービス比較表を作成して入れるだけです」
- 説明「今回プレゼンさせていただくC社に、当社とA社とB社のサービス比較表を入れるほうがいいと思ったので作成しています」
- 提案「もしお急ぎでしたら、残業して仕上げますが」
- 結論（選択）「急ぎでなければ、明日の午後には提出できますが、いかがいたしましょうか」

こうしてみると、「よくそういうやり取りをしているけれど、それはPREP（プレップ）法、DESC（デスク）法だったのか」と気づいた方もいるでしょう。

自分ではあまり意識せずに話しているつもりでも、実はフレームワークを使っていることがよくあります。自分の会話を振り返ってみると、結論、理由、具体例、そして再び結論といった流れで話していることに気づくこともあるでしょう。無意識に使ってしまうくらい優秀な型なのです。

フレームワークの食わず嫌いはもったいない

フレームワークには多くの利点があり、言語化をスムーズにする助けになるものですが、「**自分の話を枠に当てはめるのが嫌。話くらい自由にしたい**」「**フレームワークを覚えても実際には使えない。むしろ覚えたことで自分の話がフレームワークに当てはまっているのか分からなくなって、余計に言葉に詰まる**」という人もいます。

フレームワークに違和感を持つ人は「**話すときの癖**」ができてしまっていることが多いのです。「あの人の話は前置きが長いんだよね」「あの人はよく分からない例え話が多くて……」などと評される人は、実は相手にとっては聞きにくい話し方になっていることが多くあります。

自分のやりやすい形で話すことに問題があるわけではないですが、**大切なのは相手が理解しやすい形で伝えること**です。自分の型に固執せず、今まで試したことがないフレームワークも柔軟に取り入れることで、あなたの話は今よりもっと伝わりやすくなります。

ポイント

頭の中が整理されていなければ、必要なときに必要な言葉は出てこない。自分の考えを分かりやすく伝えるためには、PREP法とDESC法が有効。話すときの癖はフレームワークで変えていこう。

言語化をする前に必要なこと
❸相手のことを考えよう

細かな言葉の使い分けに敏感になろう

似たような意味の言葉を知っておくと、相手によってその使い分けができるため、より伝わりやすい言語化につながります。

僕の場合は、言葉の意味合いや伝わるイメージを初級者向けと上級者向けで考えています。例えば、「考え方」と「思考」。この2つの言葉は類義語で、どちらも「考える」ことですが、実際は微妙な違いがあります。そこで、中学生や高校生には「思考」という言葉よりも「考え方」という言葉を使います。中学生や高校生に「思考」という言葉を使って伝えようとしても、漠然と捉えてしまい、よく理解できないまま

相手目線で考えるための「視点」「視野」「視座」

に話を聞いてしまう可能性があるからです。

反対に、大人や社会人経験のある人にはそのような配慮をせずとも伝わるので、より端的で短い言葉でどんどん話を進めていきます。

このように相手に合わせて伝え方を変えていくということは、「**言語化の視点、視野、視座を意識する**」といえます。

「視点」はどこを見ているか、「視野」は見ている範囲はどのくらいか、「視座」はどの立場で物事を見ているかの違いです。

「視野を広げて物事を見る」「違う視点

で物事を見る」などと耳にしたことがあると思います。これらの違いを意識しておくと、相手目線に立って考えたときに、**どこまで話をすればいいか、どのように話をすればいいかが分かります**。

どの範囲で、どの立場で相手のことを考えるのか

言葉の引き出しを開けるときに、自分の視野や視座を相手に合わせて調節できると、より解像度の高いコミュニケーションができます。これはつまり、どの範囲で、どの立場で相手のことを考えて言語化するのか、ということです。

視野と視座においても、「自分がどのような人生を生きてきたのか」「どのような経験をしてきたのか」「何を得たのか？」「何を得ようとしているのか？」といった点で個人差があります。

ただ「なんとなく」生きてきて、あらゆる物事を「当たり前」と受け取っている人は視野が狭く、視座も低くなってしまいます。

視座が高いとは

簡単にいえば、高い視座とは深みがあることです。**どれだけ考え抜いてそれを伝えるかという深さが、視座が高いかどうかのポイント**です。「視座が高い」というよりは「視座が深い」という言葉のほうがイメージとしては近いです。

例えば、筋トレをする理由を説明するとき、「ただなんとなくいい体になりたいから」という人と、「世界大会で賞を取って自分の名を広めたい」と語る人では、当然後者のほうが高い視座を持っているといえます。視座が高い人は物事に対して先を見ようとします。また、自分の目標を持って、高みを目指している人が多く、それについて熱く語れる傾向があります。この熱量に差があると、「相手は熱く語っているのに、自分はそうでもない、そこに入りきれない」という温度差を感じるのです。

視座が高い人と話すときは、自分も同様に視座を高くする、つまり相手に合わせて熱量を意識的に上げることが必要になります。

視野が広いとは

いろいろな視点で物事を見ている人は、広い視野を持っている傾向があります。

人にはさまざまなパターンがあり、自分の得意分野で一点突破を目指す人もいれば、なんでも知っている、いわば人生を一周回っている（成功や失敗、喜びや苦しみなどを通じて成長し、多くの経験を積んでいる）ような人もいます。

視野が広い人は、人生の経験を多く積んでいるからか、**周囲の人をただ静観しているだけでなく、その先のことも理解したうえで見ている**傾向があります。本書の冒頭でご紹介した芦田愛菜さんがいい例でしょう。

視野が広い人と話すときは、自分の視野もできるだけ広くできればいいのですが、**知らないことを知っているように見せる必要はありません。分からないところは素直に質問すればいいのです**。そのスタンスを心がけるだけで、視野が広がり、言語化の引き出しがまたひとつ増えることになるでしょう。

ワンパターンの接し方には限界がある

相手に合わせたレベル感を意識するためには、どこまで話を広げるのか、どこに着地させるのかを考えます。ここを意識していないと、「**知っている情報なのに、得意**

げに教えられた」とか「**話が壮大すぎてよく分からなかった**」というようなコミュニケーションエラーが起こります。

コミュニケーションにおいて、相手の求めていない情報を提供する必要はありません。相手がどの程度の情報やアイデアを必要としているかを理解し、それに合わせて適切な言葉を使えばいいのです。

「話の広げ方」「話の着地のさせ方」を身につける近道は、**いろいろな人に自分の思い、意見を丁寧に伝える機会を増やす**ことです。

学生のころは、自分と同年代の人との関わりが一番多く、相手も学生であることがほとんどです。感覚的に合う、合わないで付き合いを決めていたり、会話においてもその場が楽しければよかったりしますが、社会に出るとそうはいきません。

異なる年代や性別、また異なる職業に役職など、さまざまな人と話す機会があります。人との関わりが増えていくうちに、共通の気づきを得られます。それは、それぞれ**接し方が微妙に異なる**ことです。

例えば、10代や20代の若者には、少しふざけたような距離感の近い接し方が効果的であることが分かるとか、50代や60代の経営者や高い役職に就いている人には、自分の想いを素直に伝えると好意的に受け取られることが分かるなどです。

相手の個性の違いや、自分に何を期待しているかなどの違いに気づき、対応できるようになるまでは多少の時間がかかるかもしれません。しかし、**異なる年代や背景を持つ人たちとの交流を通じて、柔軟性や適応力を身につけることで、自分自身もワンパターンの接し方から、人によって「話の広げ方」「話の着地のさせ方」を変えていける**ことに気づけます。

そのうち、相手がどのような年代や性別であっても、何を求めているのか理解したうえで言語化できるようになっていきます。

ポイント

より具体的な言語化のためには、視点・視野・視座の違いを意識しよう。ただ「なんとなく」生きていると、視野が狭く、視座も低くなる。異なる年代や背景の人たちとの交流が、言語化力を高めてくれる。

第3章

日常会話こそ言語化のチャンス

そもそも、会話ってなんだ？

人は感情を共有するために言葉を使う

自分の気持ちや考えをうまく伝えられないことがあると、「なんで自分はこんなに話すのがへたなんだろう……」と、自分のことが嫌になってしまうものです。

時には、プレゼンテーションやスピーチなど、自分が一方的に話さなければならない場面もあるかもしれません。そのようなときも、**自分の言語化力に自信がないと、「伝わるかな……」と不安に思いながら話すことになるので、しんどくなり、結果的にそれがストレスになります**。

自分の意見や感情をうまく表現できないしんどさを取り除かないと、言語化することとのハードルはどんどん高くなる一方です。

言語化のコツが分かっても、実際に言語化をする場面である「会話」とどう向き合うかが分かっていないと、せっかく身につけたノウハウも活用することができません。まずは「そもそも会話とは何か？」から知ることで、言語化の苦手意識を軽減し、今より気楽に自分を表現できるようになります。

私たちが普段行っている日常会話についてですが、そのほとんどが意識していないまま会話をしているはずです。では、そんな日常会話の意義とはなんなのでしょうか？

なぜ言葉が生まれたのかという理由は諸説ありますが、第1章でもお伝えしたように、一番は危険を回避するためです。人間に限らず生き物は必ず死ぬものですが、その死に対して「恐怖」がプログラミングされています。なぜなら、生き物は種の保存のために子孫を繁栄させることが絶対条件だからです。

生き物の最大の使命は「命をつなぐこと」です。命をつなぐためには、危険を仲間に知らせる必要があります。言葉がなかったら伝えることができず命にかかわることでも、言葉があることで危険を伝えられ、命を救うことができるのです。

人が初めて話した言葉というのは、危険を伝えるために音を発したのが始まりではないかとさえ思えるほどです。それは、人類が発展するための最初で最大の叫びだといえるのではないでしょうか。

今の時代は、そういった「あそこは危ない」「それを食べると死に至る」など、危険を回避する情報が言葉によって受け継がれたことで、ずいぶんと安全な世の中になりました。**そんな時代での日常会話における意義は、喜びや悲しみなどの喜怒哀楽の感情を共有すること**です。感情を共有することは、人にとって絶対に必要な要素であり、それがあるからこそ人間ともいえるくらいです。

人間のような豊かな喜怒哀楽の感情の表現は、ほかの生き物にはなかなか見られません。人間は喜怒哀楽という感情を大切にし、また感情を共有することでかけがえのない関係を築いてきました。人と人が関わり合う日常において、コミュニケーションは必ず生まれます。そのコミュニケーションの一環として、日常会話は人が生きていくうえで最も重要なものです。

感情の共有を軽視するのは危険

感情を共有するのが苦手だと、自分の思いをうまく表現できず、なかなか会話が進まないことがあります。そんな姿は相手にとって、「**あなたとは共有したい感情がないから、話したくないと思っているのかも?**」と受け取られる可能性があります。

感情を共有したいかどうかは、会話の根っことなる部分です。**日常会話を避けることは、相手とのコミュニケーション、つまり感情の共有を望んでいないことを意味します**。また、日常会話やコミュニケーションを軽視する人は、相手に対して「あなたとは喋りたくない」「感情を共有したくない」という意思として伝わってしまうことがあります。

「そんなつもりじゃないのに…」

人は、相手が会話を避けていると感じると、「この人は私に対して嫌な印象を抱いているのかな？」と考えがちです。もし自分のことを人見知りだとか、「自分はじっくり時間をかけて人と仲良くなるタイプだ」と思っていても、初対面で必ずしも相手に「この人は人見知りかもしれないから、気長に付き合おう」と思ってもらえるわけではありません。

特に初対面での印象は重要で、そのように会話を避けていると受け取られると「この人は私と話したくないんだな」「じゃあ私も話さなくていいや」と思われてしまい、その後の関係性にまで影響をおよぼすことにもなります。

仕事での日常会話の重要性

仕事において必要な情報のやり取りはできるけれど、感情の共有の部分でのキャッチボールが苦手な人がいます。このような人は、ビジネスライクで事務的な印象を与えてしまい、仕事以外の関係を築きにくい傾向があります。

仕事ではそれぞれが協力し合い、お互いに理解し合うことが不可欠です。この関係性は会話によるコミュニケーションで築かれるものであり、**仕事以外の一面を見せることが結果的に仕事での関係性をスムーズにします**。

僕がまだ仕事を始める前の学生のころは、「接待ってなんの意味があるんだろう?」と疑問に思っていました。なぜみんなが飲みに行ったりゴルフに行ったりするのか、何が楽しいのか、と接待の理由が理解できませんでした。しかし、今なら接待の理由が分かります。

それは、仕事以外の場をつくり、共に過ごすことでお互いが心を開きやすくなり、相手のさらなる一面を知ることができるからです。また、接待の中で信頼できる人かどうかを見極められます。仕事の中では分からなかった一面が見えることで、その人の本質が見えてくるのです。

仕事をするうえで信頼できる人を見極めるのは重要です。優秀だからといってその人が信頼できるわけではないので、これをはき違えると痛い目に遭います。

例えば、役職に就いていてハードな仕事もバリバリこなしていると思っていた人が、接待の場で部下に非常に横柄な言動をとっていることを知って、仕事ができると思っていたのは部下たちの頑張りのうえに成り立っていたのだな、と仕事では見えなかった側面に気づくこともあります。これに気づかず、「この人は仕事ができるから信頼できる！」と自分が信じたいものだけを信じてついていくと、心も体も壊してしまうかもしれません。

逆に、頼りないと思っていた人が細やかな気配りができる人だと分かり、「この人に次のプロジェクトに入ってもらえば、全体をうまく調整してくれそうだな」と気づいたりすることもあるのです。

接待のような仕事以外の関係を築くことを無駄と思っている人もいますが、それは大きな間違いです。僕も経営者の立場になって分かったことですが、仕事でチームをつくることになったときなどに仕事を任せたいと思う人は、普段からよくコミュニケーションをとり、一緒に時間を過ごす人が先に思い浮かびます。

日常会話によってコミュニケーションを重ねていく中で、「この人とは気持ちよく仕事ができそうだな」「この人なら絶対やり遂げてくれるだろうな」といった信頼する気持ちが生まれてくるのです。

ポイント

日常会話の意義は、お互いの感情を共有することで関係性を築き、深めるものである。それは仕事においても同様で、仕事での人間関係をスムーズにし、また仕事によい影響を与える。

会話の「しんどい」を取り除く方法

沈黙がしんどい

会話がしんどいと感じる原因のひとつに、「沈黙が気まずいと感じる」があります。沈黙の間が苦手で、どうにかしてこの間を埋めようと頭の中が頑張っているのに、言葉が出てこない。そうなると、会話の時間が有意義なものではなく、**ただ沈黙を埋めるために言葉を出すという苦痛の時間**になってしまいます。そのうち、そのような会話を続けること自体「しんどい」と感じるでしょう。

しかし、沈黙は怖いものではありません。まずは、「沈黙が怖い」という考え方を変える必要があります。会話の中で沈黙があると、多くの人がその「間」を不安に感じます。では、なぜ人は沈黙の間をそんなに恐れてしまうのでしょうか？

これは主に、「他人の目を気にしすぎる」「自分をよく見せたい」という感情が強く出てしまうことが影響しています。「黙っていると、相手に変な人と思われているのではないか」「なにか言わないと、仕事ができない人間だと思われてしまうのではないか」といった考えから、沈黙が不安になります。しかし、このような考えは相手が実際にそう思っているわけではなく、**自分の勝手な「思い込み」**です。

例えば、初めて訪問する取引先の担当者との間に沈黙が生じたとき、「なにかよくないことを言ってしまったかも」とか、「何か話さないとつまらない人だと思われて、取引に悪影響かもしれない」と焦ってしまうでしょう。

このような気持ちになるのは、「沈黙によって人に嫌われたくない」という思いが強く働いているからです。このような状態に陥ると、不快な思いをさせてしまったのではないか、次の言葉をどう出せばいいかなどと焦ってしまい、余計相手の話が頭の中に入ってこなくなります。

「なにか言わないと…」は自分の勝手な思い込み

その結果、その担当者との会話がギクシャクしたものになれば、「担当者に、この人は仕事ができないと思われてしまったのだろうな」というように、一方的にネガティブな解釈をしてしまうのです。

沈黙の間をつくらないようにしようという相手を気遣う姿勢は素晴らしいことですが、度を超えると逆に相手の気分を害す可能性もあります。

沈黙も会話の一つの要素

沈黙が好きだという人はあまりいないと思いますが、沈黙は特に問題ではなく、ポイントは沈黙があっても大丈夫な関係になれているかどうか、なろうとしているかどうかではないでしょうか。

ずっと付き合いのある友人や、心を許している恋人、信頼している同僚など、関係が構築されている人との日常会話では、沈黙があっても「この場にいていい」という安心感があります。どんなに仲が良い相手でも、一緒にいる間ずっと喋り続けているということはないでしょう。

沈黙に意識が向く人は、まだ相手に心を開いていないのではないでしょうか。沈黙を受け入れ、「ちょっと緊張しているみたいです」と言いながらお茶を一口飲んだりして、余裕を持つことが大切です。

もちろん、相手や状況によってアプローチを変える必要はありますが、**沈黙が怖いからといって無理に話を続けるのは避けるべき**です。相手の立場からすると、「この人、すごく自分に気を遣ってくれているな」と感じてしまい、逆に気を遣わせてしまうでしょう。沈黙も会話の中のひとつの要素と考えて、過剰に恐れないようにしましょう。

会話の切り出し方が分からなくてしんどい

たまたま仕事の帰りに会社の人と駅まで一緒になったとか、同じエレベーターに乗ることになったときなど、会話を避けるのが不自然な場面で「何を話したらいいんだろう……」と困ったことはありませんか？

何を話したらいいのかと考えているうちに、相手から話しかけられたはいいものの話を広げられずにしどろもどろになったり、どちらも話を切り出せず沈黙のままになったり。そのような時間は居心地が悪いでしょう。

会話が苦手な人は、このような場面での切り出しに一苦労することがあります。でも、実はそんなに難しいことではないのです。

会社を出たらなんとなく一緒に駅に向かうことになったり、エレベーターで一緒になったりした場合は、相手はどこかへ行く、何かしらの目的のために移動しているはずです。気軽な感じで、相手がどこに向かうのか聞いてみるといいでしょう。

例えば、お昼のランチタイムのタイミングであれば、「ランチに行かれるのですか?」と聞いて、返事をもらったら「いつもお弁当なのに、今日はめずらしいですね。お弁当は奥さんが作られているんですか?」というように、**自分のことを話すのではなく相手のことを尋ねるのです**。人は質問されたら答えようとします。

会社の帰りに一緒になったら、「お疲れさまです。これからどこかへ行かれるのですか?」というように会話を切り出します。「いや、家に帰るよ」という返事だったら、「そうなんですね、でも早く帰ってきてくれたら奥さんも嬉しいでしょうね」というように会話をつなげてみてください。

「今日はこれから同期の飲み会なんだよ」という返事だったら、「同期で仲がいいんですね。そういう付き合いを大切にされているのは素敵ですね。私も見習います」とか、**質問して返ってきた答えに共感して褒めたり、ちょっとへりくだったりすると、相手は嫌な気持ちにならないので雰囲気が悪くならず会話がしやすくなります**。

もし相手が先輩だったり上司だったりした場合は、「以前○○さんに教えていただいた企画書の作り方なんですけど、おかげさまであれからスムーズに作れるようになったんです」というように、「あなたのおかげで自分が成長できた」という報告と感謝をさらっと伝えるのもオススメです。

このような会話の流れをつくるのは、ほかにも応用がきくので覚えておいてほしいポイントです。

会話の切り上げ方が分からなくてしんどい

会話では、切り出し方もそうだけど切り上げ方が難しいと感じる場面もあるでしょう。例えば、相手はまだ盛り上がっているけれど、自分としてはもう終わらせたいと感じるようなときです。

このような場面では、言葉よりもボディランゲージが大事なポイントといえます。例えば、「まあ、いろいろありますよね」と一呼吸おいて雰囲気を総括することで、徐々に会話を終わらせることができます。**急に終わりにしようとすると切り上げるタイミングがつかめないので、徐々に切り上げていくことがポイントです。**

一呼吸おいて、テーブルの上に食器や書類などがあるなら、それを片付けるという
ボディランゲージを示します。そして「今日は本当に出会えてよかったです」と、出会いに感謝する方向に話を持っていくと、相手も「そうだね、私も会えてよかった」と自然に終わりの会話につながります。そうなったら、会計をする準備をする、スマホをバッグにしまうなどして、それでは帰りましょうという雰囲気を出します。

それから「また連絡するので、次お会いしたときに話しましょう」と、今回はこれで終わりだけど、次にまた……といった次回につなげるように伝えることで、帰り際がスムーズになります。このように**次の話題へ自然に移行することが、円滑な切り上げのコツ**です。

人の話を聞くことはできても、自分から会話を終わらせる勇気がない人は、**話を切り上げると相手を不快にさせたり、嫌われたりするのではないかと心配していますが、実際は逆です**。相手にずっと話をさせ続けるよりも、相手が話し足りないと感じる状態をつくったほうが、次に会ってもらいやすくなります。

これは会話全般に当てはまり、もっと話をしたいという喋り足りなさが、次に会いたい気持ちにつながります。「早く終わらないかな」と考えながらずっと聞いていたら、そんな雰囲気は相手に伝わってしまい、そのほうが相手に気を使わせてしまいます。

長時間の会話がしんどい

人は長時間話すと集中力が下がり、雑な会話になりやすいので、話の内容だけでなく長さも意識しましょう。**集中力が落ちずに人の話を聞ける時間は、1つの話題に対して10分から15分くらいです**。同じ話題だけを1時間話すのは疲れますが、話題が変わると2時間や3時間でも楽しく話せます。

会話では話し手と聞き手が入れ替わることも大事なポイントです。同じ人がずっと話し続けることがないよう、会話のキャッチボールを意識しましょう。ずっと同じ人が話し続け、片方がずっと聞き続けることになると、聞いているほうが「疲れたな」と感じてしまうのです。

聞いている人が飽きないよう、楽しんで盛り上がってくれるように話題を変えたりして、会話の空気を入れ替えることを意識してみてください。

「今日は暑いですね」しか出てこなくてしんどい

会話が苦手な人が陥りがちなパターンとして、「今日は暑いですね」など、誰でも分かるようなことを言ってしまうことがあります。また、「最近どうですか?」のような、相手からすると「なに」が「どう」なのか分からない、広い範囲にとれる分かりにくい質問を使ってしまうこともよくあります。

「暑いですね」などの普通の挨拶も悪くはないのですが、それだけだと「そうですね」といった返答をもらって会話が終了してしまうこともあります。そうなると会話がつながらず、沈黙が流れることになってしまい、また会話の切り出しからやり直しになります。

そこで、**「今日は暑いですね」だけではなく、それに加えて自分の感想を言ったり、相手に共感してちょっとへりくだったりしてみるといいでしょう。**

例えば、「今日は11月なのに、すごく暑いですよね。私、今日は寒いと思って着込みすぎて、すごく汗をかいてしまって」というように、今日は暑いということに自分の感想や状況を加えることで、相手も返答しやすくなります。

会社の上司に対してなら、「今日は暑いですね。でも◯◯さんはいつも暑いのにパリッとしたシャツを着られていますよね。私はまだまだそういうところに気遣う余裕がなかったので、まずは仕事を落ち着かせられるように頑張ります」というように話すと、さりげなく仕事ができる上司を褒めつつ、自分も仕事に真剣に取り組んでいる印象を与えることができます。

また、「最近どうですか」という質問は、相手が年上で特に目上の人に対しては使わず、「最近、お忙しいですか」と尋ねるほうが好ましいです。そのあとに「ものすごくお忙しそうですよね」とか「すごくご活躍されているので」など、相手の状況や頑張りを褒めたり、気配りを感じさせたりする言葉を使うと一気に効果的な言葉に様変わりします。

よく使われるフレーズであっても、そこに自分の感想などを加えたり、相手を推測して共感を示してちょっとへりくだってみたりすると、よくある会話の切り出しも意味のあるものになり、日常会話として成立するのです。

何を話せばいいのか分からなくてしんどい

会話が苦手な人は、会話において「自分が話す」ことに意識が向きがちですが、**日常会話では、相手が好きなことを話してもらうことが大切です**。

相手の関心事に合わせ、仕事・友人関係・恋愛、または趣味や衣食住に関する話題など、相手が好きそうな話題を振っていくのです。相手の好きな話になれば、「うんうん、それで?」「それからどうなったの?」と話を楽しんで聞いているという姿勢を見せます。そうすれば、いくらでも相手が話してくれるので、気まずい沈黙がなくなります。

「沈黙が怖い」と考えていると、沈黙を埋めることに気が向いてしまいます。「次は何を言ったらいいんだろう」と焦ってしまい、相手の話をきちんと聞けずにさらに焦る。そうなると結果的に相手の求めていることが言えず、一番恐れていた沈黙になったり、焦って手短なところで自分のことを言っておこうとなれば「この人全然話を聞いてくれない、自分のことばかり」という評価になってしまうこともあります。

このようなことにならないためにも、話を聞いたときに、まず相手と「共通点がある」「ない」に分けて、それに基づいてアプローチを考えておきましょう。具体的には、次の3つに分類できます。

❶ 共通点がある場合

共通点があれば、相手を褒めたり、「自分もそう思う」「自分もそれをやっていた」など、相手の話に対して共感を表現します。次に自分の話をして、相手に共感をもらうフェーズへ移行します。

❷ 話が理解できない場合や共感できない場合

最初に「なるほどね」「納得」「ああ、そうなんだ」といった共感の言葉を必ず入れます。前提として、まず共感することが大切です。自分には理解できない、共感できない話であっても、いらぬ衝突を避けるために「いや、それは違うと思う」など相手の話を否定する言葉は避けましょう。

❸ 共感を表現する場合

「知らなかった」「初めて知った」「すごいなぁ」といった言葉で大きく相手の話に興味を示し共感します。話が理解できる場合は、「分かる!」「納得!」と共感を表現したうえで、相手を褒めるか、自分の話をまたするかを検討しましょう。

この3つのアプローチに共通しているのが、**相手に対する「共感」**です。ただし、表面上の浅い共感ではなく、本当にそう思えるという深い共感を示すことが大切であり、**相手の気づいていない深い部分を褒めることがポイント**です。

例えば、「あなたは人に優しいよね」といった浅い褒め言葉ではなく、相手が気づいていない潜在的な部分を褒めることが深い共感です。「あなたが人に対してそんなに親身になれるってことは、本当に優しいからだと思うよ」「人のことをそこまで考えられる人ってあまり見たことがないから、本当にすごいと思う」といった共感と具体的な観察を元にした褒め言葉なら、「この人は私のことを見てくれているんだな」と相手の心に刺さります。

また、話を聞く中での共感も「へえ、すごいね」だけでなく、少しオーバーなくらいのリアクションを加えながら自分の感想を伝えることも大事です。話を聞くときは、話を聞くことに集中すれば自然とこのようなリアクションがとれるはずです。

「褒め」がしらじらしくてしんどい

会話の際に、自分を下げて相手を上げる、つまり「へりくだる」というのは誰にでも使いやすい会話術といえます。誰でも褒められたり、持ち上げられたりすると内心嬉しいものです。ただし、それを言う相手や言い方によっては、逆に「しらじらしい」という印象を与えてしまうので注意が必要です。

人に不快感を与えない、しらじらしくならないように伝えるにはいくつかのポイントがあります。

第一に「**本当にそう思っていることしか言わない**」ことです。本当に思っていることなら心から言っているので不自然ではありませんが、思っていないことを褒めると相手には軽い言葉として受け取られます。なぜなら思っていないことは、褒めたとしても具体的ではなく、抽象的で中身がないからです。

また、交流がほとんどない相手に対して突然褒めたりすると、「なにか裏があるのでは?」と疑われてしまったり、「私のことをよく知らないのに」と不快感を持たれたりします。誰彼かまわず褒めていると軽薄な印象を与えることもあるので、本当に伝えたいと思う人にだけ伝えるようにしましょう。

ほかの人と比較して、「○○さんよりすごいです!」というように、人と比較するのもNGです。これを乱用すると、「人をランクづけする人」「自分のこともどこかで同じように言われているかもしれない」と思われる可能性があります。

次に、褒めるときの姿勢も大事です。例えば、壁にもたれかかって「本当にすごいと思います」と言っても、「なんだか上からものを言われているみたいだ」と思われても仕方ありません。ピシッと立って目を見て話していたら、誠実に見えますし、本当にすごいと思ってくれたのだなと伝わります。

会話をするときは目に見える部分も大事なのです。見えている姿勢（態度）と言葉が異なると、人は違和感を覚えて「信用できない情報」と判断します。

基本的に褒めるときは、自分がちゃんと伝えたいと思う人にしか言わないようにしてください。**自分の感情が込もっていないことを言い続けていると、そのうち自分の感情がなくなっていくような感覚になります。**

ポイント

沈黙が気まずいと思う人は「他人の目を気にしすぎる」感情が強い傾向がある。日常会話は感情の共有であり、深い共感を示し相手に伝えること。相手を褒めるときは、自分がちゃんと伝えたいと思う人にしか言わないようにしよう。

日常会話、こんなときはどうすれば？

会話を楽しみたいと思っていても、場面によっては楽しめないということもあります。日常会話において、こんなときはどうすればいいのかと思うことを、ほかの人に改めて聞く機会は少ないと思います。そのような、ちょっと気になっていることの対処法、対策法を知っておくと日常会話において役立つはずです。

3人以上での会話が難しい

一対一の会話は大丈夫なのに、3人以上の複数人で話すときに「しんどいな」と感じることはありませんか？　一対一は自分と相手しかいないので、会話のキャッチボールがスムーズです。しかし、3人以上になるとキャッチボールが一対一のときより一気に複雑になります。特に自分以外の人がお喋り好きだと、なんとなく自分が聞く側に回ることになり、気がついたら自分が空気のようになっている……というようなことは、意外に多くあります。

複数人の会話では、自分以外が話しているところに入っていく難しさがあります。その理由は、「自分以外が話している中に入ったら、割り込んだようになるんじゃないか……」「自分の発言で話題を途切れさせたり、空気を壊してしまうんじゃないか」「今出ている話題に乗りきれなかったらどうしよう」などのプレッシャーがかかっているからです。

このようなプレッシャーを感じる人向けの、複数人で会話をするときのポイントは次の3つです。

❶ 今、何の話をしているのか把握しておく

複数人で会話をしていると、なかなかボールが回ってこないという状況になりやすく、そうなると集中力が切れてしまい、話が人ごとのように聞こえてきます。また、

いつ話を振られるか分からないので、ぼんやりとその場にいるような感覚になってしまうのです。

そういったときのポイントは、**話の全体の流れをざっくりと理解しておくこと**です。例えば、「今この人たちは自分たちの友達のことを話しているんだな、どっちの友達も酒癖が悪かったんだな」というように、現在の会話のテーマと話の流れをざっくりでいいので、把握しておけばいいのです。

❷ 自分が話せるテーマを持っておく

複数人での会話をリードすることは、会話が苦手な人にとってはテクニックが必要で、ハイレベルなスキルと感じられます。

そこで自分の得意な話、興味があるテーマを持っておくようにしましょう。「このテーマならいくらでも話せる」というような自信を持って話せるテーマは、自分にとって「会話の武器」となります。

人は自分が好きなこと、興味があることはよく話せます。よく分からない話だと自信がなくて入りにくくても、自信を持って話せるテーマであれば、プレッシャーがかかりにくくなり会話のハードルも下がるでしょう。

例えば、食べることや旅行、好きなスポーツや好きなアニメ、家族や恋人の話など、自分の興味があるテーマならばいつもよりも積極的に話せるでしょう。好きなテーマなら、「話を聞いてほしい」という想いも自然と強くなるため、自信も湧いてきます。

いろいろな人とコミュニケーションをとって、自分の得意で興味のあるテーマを話してみて反応を試しておくのもオススメです。「この話はリアクションがいまいちだな」「こんなふうに話したらみんな高確率で笑ってくれるんだな」などと反応を確認しておくと、次第にどんなテーマをどう話せば興味を持ってもらえるのか分かるようになります。

そもそも、日常会話のジャンルは無数にあるわけではなく、ある程度限られています。人間関係か、仕事か、健康や美容か、恋愛か、たまに面白い話しかしません。基本的にどの人も、その中のどこかに属するテーマで話しています。だからこそ、その中で自分が自信を持って話せるところの対策を練っておくことがポイントです。

自分よりお喋り好きとか、その場で圧倒的に話がうまい人がいる場合は、「面白いね」「それは大変だったね」というように共感を示し、相手や状況によっては、まずは悪く思われないように乗り切る形でもいいでしょう。

会話の全てに関わろうとすると、武器を生かせるチャンスが減り、状況を乗り切ることもできず、ますますプレッシャーが強くなってしまいます。そうなると自分の意識はどんどん話の内容から遠のいてしまい、いざ話を振られても「なんの話？」と分からなかったり、流れを止めてしまうような話をしてしまい、結果的に「人の話を聞いていない」と思われることになり、「だから複数人と話すのは苦手なんだよね」とまた苦手意識を強めてしまうことになります。

❸ 入れるタイミングがあれば、会話に入ってしまおう

複数人の会話では、最低でも1回は自分に順番が回ってきます。「今なら会話に入れる…！」というタイミングが必ずあります。そのときに会話に入ってしまえばいいのです。

自分が経験したことや例え話は、自分にしか話せない武器です。この武器を持って

おいて、話せそうなタイミングだけ入っていくと考えれば分かりやすいでしょう。

ポーカーと同じで、「いける」と思うときだけ戦って、そうじゃなければサレンダー（ゲームを途中でやめること。この場合は聞き役に回る）すればいいのです。これなら成功確率が上がります。

自分が勝てる武器を持っていて、それを活用しているだけなのに、「この人、話せば面白いな」という評価になり、それが自分にとっての自信となります。

会話の内容をざっくり聞いて流れを把握しておいて、自分が入れそうな話なのかそうでないかを判断することがポイントです。

「もうすぐ話が終わりそう」に注意

また、話が終わりつつあるか、それともまだ盛り上がりそうなのかを見極めることも必要です。話が終わりそうな段階で「あ、私もね……」と入ってしまうと、「もうこの話は終わりなのに……」となる可能性があります。

会話の終わりそうなタイミングや盛り上がっている場面を読み取り、その話題に入っていけるかどうかも考慮しましょう。

（もうすぐ話し終わりそうだったのに…）

以上のように、複数人で会話するときのポイントを押さえておいて、考えすぎず相手が何人であっても会話を楽しむことを心がけましょう。

会話では話す人と聞く人と役割が分かれるので、分からない話などは聞き役になればいいのです。お喋り好きな人は聞いてくれるほうが喜びます。

愚痴の多い人との会話を有意義にする方法

「日常会話のベースが愚痴」というような、口を開けば愚痴ばかりというタイプの人がいます。愚痴を言うことでストレスを発散し、自分の感情を表現しているのかもしれませんが、愚痴を聞き続ける側はエネルギーを吸い取られ、話が終わったあとはぐったりとした疲労感しか残らないため、なかなかしんどいものです。

どうにかしたいとは思っていても、その愚痴の流れを変える勇気やテクニックがないため、結局愚痴を聞くしかないということがよくあります。

このような場合、**相手に対して建設的な提案やポジティブな話題を振ってみることで、話の流れを変えるきっかけをつくることができます**。また、相手が愚痴を言い出す前に、自分から楽しい話題やポジティブな話題を提供することも有効です。ただし、相手の感情や状況も考慮して話題を変えることが大切です。

「私も経験あるけど」というように自分の体験談を相手に合わせて愚痴のように話してしまうと、「この人は私のことを理解してくれる人」と認定されて、愚痴はいつまでたっても終わりません。

ストレートに「愚痴を言うのはやめよう」と伝えても場が気まずくなることがあるので、**話を全く違う話題に持っていく**のがいいでしょう。最初に「そうなんだ……」、嫌な思いをしたんだね」など相手の感情に共感し、そのあとで「そういえば」「ところで」と話の流れを変えてしまうのです。ポイントは**相手の感情に短い言葉で共感し、相手が愚痴の続きを言えないようにすること**です。

例として、仕事の愚痴を言っている人がいたら、その人が好きそうな別の話題に切り替えてみましょう。野球が好きな人であれば、「ところで昨日のＷＢＣ見た？ ９回裏のホームランすごかったよね！」というように、相手が好きなジャンルの話であれば、スムーズに会話の流れを変えることができます。

相手が好きな話題が分からなければ、男女共通で異性の話題が無難です。どんなに仕事ができる人でも共通して好きなのは、生存本能の部分でやはり異性の話題です。女性ならイケメンのアイドルの話題、男性なら人気のアイドルグループの話題など、「〇〇っていいと思いませんか？ 最近テレビ見てていいなって私思っているんですけど」のように相手に質問する形で振ってみます。興味がなさそうだったら、さらに質問で「じゃあ、誰かタイプのアイドルっていますか？」というようにしていくと、相手の脳が愚痴の対象から遠ざかっていきます。

基本的に愚痴を言っている人の脳は怒っています。「悲しい、ショックだ」と言っていても心の奥では怒っているので、怒りの感情のままに話し、結果的に次々と怒りが湧き出てきて、負の連鎖が生まれるのです。愚痴に付き合うと、相手もいつまでも怒りの感情がおさまりません。このサイクルを断ち切るためには、単に「悪口をやめよう」というだけではなく、怒りの感情に支配されている脳を変える必要があります。

「ちょっと聞いてほしいんだけど」から始まる愚痴の対処法

ほかにも愚痴を聞くことになるケースとして、相手から「ちょっと聞いてほしいんだけど」と話を持ちかけられることがあります。このような場合、特定の人の悪口であることが多くあります。

「聞いてほしい」という相手に対し「嫌です」とも言えず、こちらは仕方なく聞く態勢になってしまいます。こうなると、愚痴の流れを変えるのが難しくなってしまうわけですが、こうした場面ではどうすればいいのでしょうか。

相手は自分のことを「**愚痴を言っても大丈夫な相手**」と思っているからこそ「ちょ

っと聞いて」と言ってくるので、ある程度愚痴を聞いてあげることも大事です。話の流れで愚痴になった場合は「そういえば」「ところで」とさっと方向転換すればいいのですが、「この人なら聞いてくれる」と思って言っているので、別のアプローチが必要です。

相手の愚痴が特定の人に対する悪口になっている場合、**その悪口に共感する形で話を変えるきっかけをつくりましょう**。

例えば、相手が上司の悪口を言ってきた場合、「そうなんだ。それはひどい」というように共感してから、次に「それで思い出したんだけど、自分の友達も上司から同じような目に遭ってて……」というように自分の友達など別の人の話に切り替えてしまうのです。

そして、別の人の話を面白おかしくどんどん話していきます。そんな別の人の面白い話なんてないというなら、連想ゲームのように作り話でもいいのです。相手には本当か作り話なのかは分かりませんから。

「友達が同じようなことを上司から言われたんだって。でも、その友達っていうのが本当に変わった子でね……」とか、「友達が上司に叱られて落ち込んで帰ったんだって。落ち込んで家に帰って寝てたのかと思いきや、お酒飲みに行ってめちゃくちゃ飲んで潰れて、気づいたら朝5時に駅前でパンツ一丁で寝てたんだって」というように、**「同じような境遇の人が、その境遇でどうしたか」**という話を面白おかしくどんどん話すと、話のバトンはこちらにあるため、話の主導権を握れます。しかも、相手は誰か分からない人の話だけど、自分と境遇が似ているからすごく共感できるし、話にも入り込んできてくれます。

愚痴が多い人との会話のコツは、相手に主導権を持たせないことです。ある程度相手の愚痴を聞いたうえで「預かります」とバトンをもらって「こっちで料理します」というように、愚痴を終わらせるのです。

毎回同じ話をしてくる人との会話はどうしたらいい？

愚痴を聞くのもしんどいですが、毎回同じ話をしてくる人の話を聞くのもしんどいですよね。「また言ってる……」「この話、前も聞いたな……」と思ってしまうでしょう。

実は僕もときどき無意識に同じ話をしてしまいます。毎回同じ話をしてしまう人は、自分が話したことを覚えていないことが多いのです。**なぜなら、その話をしたときに相手から印象的なリアクションがないからです**。そこで、**相手の印象に残るワードを使ってリアクションする**ようにしましょう。

例えば、「前も同じ話聞いたけど、それすごく好きなんだね」とか、特定の誰かの話だったら、「その人のことがすごく好きなんだね」と少々オーバーなくらいの反応をしてみてください。

「**何度も同じ話をするくらい、それに対して情熱を持っているんですね**」というように、否定はせずに「好きなんだね」「情熱的ですね」とリアクションすると、なんだか恥ずかしくなって記憶に残るので、「あ、この話前にしたよな。そのときどれだけ好きなのって言われたし、また話したら同じように言われるだろうな」と気づいてくれるようになります。

毎回同じ話をしてくる人には、このように印象的なリアクションを返して覚えてもらうのが一番です。

聞かれたくないことを聞かれたときはどうすればいい？

プライベートなことや、返答に困る質問など、本当は言いたくないけど言わないと気まずい雰囲気になりそうというときはどうしたらいいでしょうか。

特に親しくもない人からデリケートな質問をされたり、職場の人からプライベートなことを聞かれたりすると、「そういうことは言いたくないのに、困ったな……」となると思います。

例えば、同僚から「ボーナスいくらだった？」と聞かれたり「どこの大学出身？」とか聞かれたり。また、よく問題になっていますが、女性に対して「結婚しないの？」「子どもはいつ作るの？」などもそうですね。

答えたくないことを聞かれた場合、次のように対処するといいでしょう。

●質問を返す

相手にされた質問をそのまま返すことで、相手に適切ではない質問だったと気づかせたり、相手に話をさせることでかわしたりすることができます。「ボーナスはいくらだったの？」と聞かれたら、「それはなんで気になるの？」と質問を返して相手に質問の意図を尋ねたり、「あなたはどうだった？」と返したりして相手の話にしてしまいます。相手が話好きだと、「私はね」と自分の話に夢中になってくれます。

● 断りを入れてから言える範囲で説明する

直接的には答えたくないけれど、相手が上司など目上の人の場合は、「申し訳ありません、プライベートなことなのでちょっと全部はお話できないんですけど」などと断りつつ、答えられる範囲で説明するようにしましょう。

● 冗談っぽく答える、ユーモアを交えて答える

質問に対して冗談っぽく明るく答えると、答えていないのに場の雰囲気を和ませつつ笑いに変えることができます。「ボーナスいくらもらった？」「1億円！」などです。ただし、相手や状況によっては笑えないことになるので注意

が必要です。

基本的には答えたくないことには答えなくていいのです。結局答えたくないというのは、相手との信頼関係が不十分だからです。もし自分が心の底から信頼している人なら、プライドやコンプレックスはその人の前では脱ぎ捨てているはずですから。

ポイント

日常会話における悩みは自分のコンプレックスからきていることが多く、そのほとんどが会話を楽しむ前に考えすぎているといえる。まずは相手に共感し、楽しませようという気持ちで会話を楽しもう！

第4章

見落としがちな言語化のコツ

スラスラと言葉が出てくる人が考えていること

ポイントは、うまく伝えようとしないこと

「はじめに」でお伝えしたように、僕はよくInstagramでライブ配信をしているのですが、「どうしてそんなにスラスラと言葉が出てくるのですか？」と聞かれることがあります。まずそもそも「伝えたい想いがあるから」というのが前提条件なのですが、スラスラと言葉を出すには**うまく伝えようとしないこと**です。

「スラスラと言葉が出てくるのに、うまく伝えようとしないって、どういうこと？」と疑問に思ったでしょうか。

僕は台本を覚えて話すのがすごく苦手で、どうしても覚えられません。それは、**実際に思ってもいないことをうまく言おうとしているから**です。

自分が思っていることに関しては全く詰まらずに話せますが、台本を見て覚えて話そうとすると途端に詰まってしまいます。これは、「台本通りの流れで話そう」とか、「自分をよく見せよう」「うまく伝えよう」と考えてしまうからです。

おそらく言語化が苦手な人は、このようにうまく伝えようとする気持ちが強すぎるのではないでしょうか。

うまく伝えようとしなければ、言葉にすることへのハードルが少しだけ下がります。まずは話し始めて、話しながら修正していけばいいだけのことです。もし言葉に食い違いがあれば、それを別の言い回しに変えていけばいいのです。うまく伝えようとせず、臆せずに話すことで、徐々に自信が生まれてきて、精度も上がっていきます。

スラスラと言葉を出すためには、第一にまず伝えることに対してハードルを下げることです。そして、自分の中でしっかりと伝えたいことを持って人に接することを大切にしましょう。

質問に答えるとき、言葉に詰まらない方法

言語化が苦手な人は、「質問されて、それに答える」ことにも苦手意識を持っている場合が多くあります。このときにも「うまく伝えよう」という思考が働くと、さらに言葉に詰まってしまいます。

質問されたときは、基本的にその質問に対する答えを「その場で」「すぐに」用意して伝えなければいけません。その際に、言葉に詰まってしまって回答するまでに時間がかかってしまったり、頭が真っ白になって的外れな返答をして相手を困らせてしまったりといった経験の積み重ねが苦手意識につながっているのです。

例えば、新入社員に仕事を教えることになったとき、あなたは仕事を一つ一つ教えていくでしょう。その説明をしている途中に、突然新入社員から「なぜその作業をやる必要があるのですか?」と質問されたと想像してみてください。

このタイミングでその質問をされるというのは予測していなかったでしょう。この

ときに言葉がスラスラと出てくる人は、**実はほとんど瞬間的に対応していて、何も考えていない状態**です。とっさに反応しているため、「ちゃんと答えなければいけない」という意識が働く前に質問に答えています。その答えには、自分がその作業をしてきた経験、またその経験の中で失敗をしていれば、それをもとに「やってはいけないこと」を教えてあげられます。

「うまく伝えよう」としないことで、逆にスラスラ話せるのです。その答えには、自分でも意識していなかったようなこれまでの経験やルーツが蓄積されています。

逆に言葉がスラスラと出てこない人は、「新入社員の前だから、先輩としてちゃんと答えよう」というような意識が出てきて「えっと、それは◯◯だからで……、えっと……」というように、「結局、答えはなんですか?」というような曖昧な返答になってしまいます。

言葉にするハードルは下げられる

言葉にするハードルを下げることは言語化のキーポイントです。

その具体的な方法としては、**一気にスムーズに話さなければならないという考えは置いておいて、まずは思ったことをすぐに言ってみることです**。

すぐに言葉に出すことで、言葉へのためらいがなくなります。「伝わるように話そう」といった意識が出てくる前にパッとすぐに言葉に出す。途中で「うまく伝わっていないかな」と感じたら、話しながら修正し、別の言い回しに変えていけばいいだけです。

身近な人であれば、そんなところも笑って受け止めてくれるでしょう。伝えることを何度でも修正できるし、間違えたと思ったら「ごめんね。言い方が悪かったけど、そうじゃなくて」というようにリカバリーができます。つまり、失敗はないということです。

大事な発表の場でいきなりチャレンジするのではなく、身近な人で何度でも思ったことをすぐに言葉に出して伝えることがポイントです。何度も言い方の修正をするなど、経験を積めば伝えることに失敗はないということに気づくでしょう。そうすればだんだんと言葉に対するハードルも下がっていきます。

人は自分の意見や考えを言うとき、「こんなふうに言ったらいけないのではないか」と思ったり、「間違いでもないだろうけど、確信が持てない」というように不安に思ったりすることがあります。これが言葉を出すときの迷いとなります。

これらは、あくまで自分の推測であり、「間違いかもしれない」という確定されていない不安によって、答えを導き出せない状態です。だから、言葉に出す前に自分の中で判断するよりも、ひとつひとつ言葉に出して言ってみることが大切なのです。

知らないことは「知らない」でいい

自分が得意なことについてはスラスラとたくさん話すことができますが、知らないことに関しては話せません。知らないことは知らないと認めてしまえばいいのです。**大事なのは自分が知らないことではなくて、知らなくても会話を広げることができるかどうかです**。

相手が知っていることで自分が知らないことなら、自分が知らないことを素直に示し、「そんなのは知らなかった、そんなのあるんですね。すごいな、へえー、そういうのに興味あるんですね」というように相づちを打ったり、知っている相手を立てるように言うといいでしょう。

相手が知らなくて自分も知らない話なら、それはもうお互い知らなかっただけなので、特に深く追求しなくてもいいし、気になるならスマホで検索したりして、共通の探し物をして楽しんでもいいですね。

会話の中で知らないことに遭遇したとき、なんでもかんでも「知りません」と答えるのではもったいない。**知らなくても会話を楽しむことはいくらでもできます**。自分の対応次第で今まで知らなかったことを新しい情報として得ることもできますし、共通の疑問として共有することもできます。

こういった対応は、言語化力が高い人じゃないとできないというものではありません。言葉を出すことが苦手な人でも、このように「会話を楽しむ」ようにすれば、言葉を出すハードルはぐんと下がるでしょうし、人とのコミュニケーション力も上がっていくでしょう。

ポイント

スラスラと言葉を出すためには、うまく伝えようとせずに、伝えることに対してハードルを下げる。まずは身近な人に対して思ったことをすぐに言ってみること。知らないことがあるのは当然。知らないことを素直に示そう。

話のポイントの見抜き方

何げない言葉からでも本質は見抜ける

相手の話を受けて、的確な言葉で返すために一番大切なのは「物事の本質を理解すること」です。それが的確な言葉で返すための必須事項にもなります。

この「物事の本質を理解する」ということは、あらかじめ用意するようなものではなく、**相手が話した瞬間に話のポイントはどこにあるのか判断することです。**

例えば、同じ職場の人から、仕事について「これからどうしたらいいのか分からない」と言われたときに、答えるべきは「どのようにやっていけばいいのか」ではなく

「なんのために仕事をするのか」という、まずは行動の目的を明確にすることです。

仕事をする目的はどこにあるのか。お金、やりがい、家族のため、承認欲求など、何を求めているのかを把握することが大切です。

このケースのように、方向性を見失っている人には、方向性そのものではなく、相手の欲求に焦点を当てるべきなのです。

聞かれた瞬間に話の本質を見抜くためには、**相手の何げない言葉から目的を明確にすることを意識しておく必要があり、その場で的確な言葉を組み立てることが大切です**。

これは決して難しいことではありません。先ほどのケースだと、仕事がなんのためにあるのかを日常的に考えていれば、瞬間に聞くべきこと、話すとよいことが誰でも判断できるようになります。ただし、「なんとなく」生きていて「なんとなく」仕事をしている人は、聞かれたことに即答できない可能性が高いです。しかし、仕事の目的がお金を稼ぐことだけでなく、周りを豊かにすることや自己成長のために行っていると言語化できるならば、質問に対して迅速な回答ができるでしょう。

つまり、的確な言葉で返すためには第2章で述べたように「なんとなく」をやめて、頭の中を整理しておくことが必要です。それができていて初めて、的確に言葉を返せるようになります。

まじめな人ほど、「頭の中を整理するためにメモしておこう！」「忘れないようにノートにまとめておかなきゃ！」と思うかもしれませんが、それをすると物事の本質的な部分はかえって忘れやすくなります。書いてある安心感で忘れてしまうのです。「しっかり覚える」というよりも、すごく簡単なことを覚えておいて、それを材料にしてその場で話を組み立てるほうがいいでしょう。相手の話を聞きながら、頭の中の引き出しからすぐに取り出すイメージがあれば、的確な言葉で話せるようになります。

ポイント

的確な言葉で返すために一番大切なのは「物事の本質を理解すること」で、相手の何げない言葉から目的を明確にするということを意識しておくこと。普段から「なんとなく」をやめて、頭の中を整理しておくことで的確な言葉で返せるようになる。

意外とできていない「相手のことを考える」

自分本位の会話はうまくいかない

社内会議で発言したり、商談や交渉をしたりなどの自分主導で人に話すときは、どうしても「何を話すか」に意識が向いてしまいます。そうすると「自分が伝えたいこと」ばかりになり、聞く側にとっては「特に興味のないこと」「別に聞きたくもないこと」を聞かされることになります。そうなると、話すほうも聞くほうも苦痛の時間となってしまうでしょう。

人と話すときは、自分が「何を話すか」ではなく、相手が「何を聞きたいか」をまず考えましょう。「相手が何を求めているか」という考え方は、プレゼンにおいても有効です。

自分発信で話すときは、１人の具体的な対象者を考えて、その人に向かって話します。聞いてくれている人数が多かったとしても、実際には１人に向けて話すようにするのです。

例えば、「20代の独身男性でサラリーマン。本業のほかにも副業を考えていて、やがては独立したいと思っている人」を対象者と考えます。その人は、副業をしたいけれど何ができるのか、何が向いているのか悩んでいる。そして、その悩みを抱えているために、一歩踏み出せないでいるかもしれない。

このようなひとつの具体的な「ペルソナ（仮想の対象者）」を頭に描き、その人に対して自分の言葉を届けるように心がけます。

ペルソナとは、ビジネスにおいて商品やサービスを提供する際、主にどのような顧客に向けたものであるか、その具体的な人物像を設定することです。自分発信で人に話すときはこの考えが非常に役立ちます。

このように**１人に向けて話すようにすると、会話の内容が細かく具体的になるので、より多くの人に届きます**。

聞いている人全員に同じように伝わることはない

多くの人に伝えようとすると、結果的に多くの人には伝わりません。「100人全員に好かれることはない」といわれるように、「聞いている人全員に同じように伝わることはない」のです。

全員に伝えようとすると、一般的で抽象的なメッセージになってしまいます。具体的で分かりやすい例や説明がないと、自分の考えや伝えたいことは相手に全く響かないのです。**できるだけ具体的な例やシーンを挙げ、相手にリアリティを感じさせるようにしましょう。**

そこで必要になるのが前述したペルソナです。ペルソナを設定することでより多くの人に伝わる理由を次にまとめました。

● **具体的でリアルな対象者を持てる**

ペルソナは具体的な個人像をイメージするため、抽象的な概念よりもリアリティを持っています。人は抽象的な話よりも、自分に近い具体的な状況や特定のニーズに共感しやすいのです。

●**言葉や文脈を選びやすい**
ペルソナを意識することで、聞く人が理解しやすい言葉や文脈を選びやすくなります。これにより、伝わりやすいメッセージを届けることができます。

●**課題やニーズを理解しやすい**
ペルソナを通じて、相手の課題やニーズをより深く理解することができるため、相手が聞きたいと思う話ができるようになります。

「次の言葉」が出てこない人は、頭の中にフレームワークが入っていない

朝礼の1分間スピーチやプレゼンをする際、次に何を言えばいいのか分からなくなって言葉がなかなか出てこない人は、頭の中にフレームワークがない可能性がありま

す。スピーチでは、話す順番であるフレームワークを頭に描くことが大切です。

スピーチをするときは、まず大テーマを設定し、話の要点や何を伝えたいのかを整理し、スピーチを聞く人にその理由を明確に伝えたうえで話を進めます。

話の中に3つほどの要点と解決方法をまとめ、これらを同じフローで伝え、なぜその方法が重要なのかを説明します。この流れに従って話を進めることで、聞き手にスピーチの内容が伝わりやすくなります。

頭に明確なフレームワークを持つことで、スピーチする内容を一言一句覚える必要はなく、ざっくりとこの流れを把握しておくだけで、自然に喋ることができるようになります。**内容を丸暗記しようとするよりも、流れを組み立てておいて、その流れを覚えておくほうが大事なのです。**

丸暗記しないと話せないような、自分が体験したことがない情報をもとにしたスピーチではなく、自分が体験した情報をもとにしてスピーチの構成をしておくと、次はあの話をすればいい、と頭の中で引き出しを開けやすくなります。

内容の丸暗記は逆効果

「目標達成の重要性」に焦点を当てた例を次に載せます。スピーチをする際は、このように「流れを作って、流れを覚えておく」といいでしょう。

❶ スピーチの大テーマを設定する
大テーマは「目標達成の重要性」。目標を持ち、それを達成することがなぜ重要なのかを伝える。

❷ スピーチの目的を明示する
聞く人に対して、スピーチの目的を明確に伝える。「目標達成の重要性」に焦点を当て、なぜこのテーマが重要なのかを説明する。

❸話の要点
ポイントを3つほど入れて「これがポイントです、なぜならこうです」という形で伝える。

❹ポイント1「目標の設定」
なぜ目標を設定する必要があるのかを説明する。目標がなければ、進むべき方向が不明瞭であり、成果を上げるのが難しいことを強調する。

❺ポイント2「モチベーションの向上」
目標を持つことがモチベーションを高め、困難な状況に立ち向かう力を生む理由を述べる。

❻ポイント3「成果の達成と自己成長」
目標を達成することで得られる成果や、それが自己成長にどのようにつながるかを示す。

❼解決方法の提案
目標を達成するためのステップやアクションを示し、実践的なアドバイスを提供する。

❽同じ流れでのまとめ
スピーチの最後に、話の要点を再確認し、「目標達成の重要性」を強調。

この例では、目標達成に焦点を当てつつ、スピーチの流れ（構成）が作られています。このようなフレームワークを使って流れを押さえておけば、話しながら聞き手の反応も見つつ、具体的な内容を盛り込んでいくことで、魅力的なメッセージを伝えることができます。

ポイント

自分が「何を話すか」ではなく、相手が「何を聞きたいか」をまず考えることが重要。「聞いている人全員に同じように伝わることはない」と割り切り、一人に対して自分の言葉を届けるように心がける。スピーチでは、フレームワークを頭に描いて話すこと。

言語化の経験が増えれば話を予測できるようになる

相手の理解が話の予測につながる

言語化の経験が増えてくれば、「相手はこういうことが気になるのだろう」とか「相手は次にこういうことを言ってくるだろうな」ということが、ある程度予測できるようになります。

例えば、僕はSNSのコンサルティングをしていますが、何度もコンサルティングをしていくと同じ質問をされることがあります。それは、僕があるアドバイスを行ったあとによく質問されることなので、今ではその流れになると「あ、もしかしてまたあの質問をされるのかな」とピンとくるようになりました。

このように、相手の質問を事前に予測するには、これまでの経験や、積み重ねた自分のデータ分析が必要になります。

最初は商品説明をするのが苦手であったとしても、何度も何度も同じ商品の説明をしていくうちに、「これを説明すると、こういう質問が返ってくるな」「それにこう回答すると、次はこう質問される」ということが分かってきます。また、同じ質問が何度も返ってくるようなら「ここの説明に、いつも質問されることの回答をあらかじめ入れて説明しよう」というように、説明そのものが進化していきます。

このように言語化は、何度も繰り返し行って経験を増やすことで予測ができるようになっていきます。

話の要点を一瞬で理解する方法

話を迅速に理解するためには、相手のバックグラウンドを把握することが不可欠です。相手がどのような経験や状況からその話題をし始めたのかを知ることで、その言葉や発言の背後にある感情や意図が見えてきます。

例えば、同僚がプロジェクトの進捗に不安を抱えている場合、その不安の理由や過去の経験からくる懸念を知ることで、より深く理解することができます。ほかにも、プロジェクトミーティングでの質問があった場合、その人がプロジェクトにおいて重要なポイントを理解しているかどうかを把握することで、より具体的で適切な回答ができます。このような情報を得ることで、的確なサポートやアドバイスを提供することができるのです。

質問や発言にはその人独自の背景や感情が反映されています。相手の立場や価値観を考慮し、なぜその質問をしたのか、発言が行われたのかを理解することが大事です。

「論点は何なのか」「意見は何なのか」といった判断軸を持って聞く

相手が深い話をしている場合や、逆に何も考えずに話してくる場合でも、コミュニケーションをスムーズに進めるためには、「論点は何なのか」「意見は何なのか」といった判断軸を持って聞くことがポイントです。これにより、対話が整理され、相手の意図やメッセージをより理解しやすくなります。

相手が深い話に入り込んでいるとき、具体的な質問を通じて論点を明確にすると、より深い話を引き出せます。

例えば、ビジネスプロジェクトの進捗に関する話をしている場合、「具体的にどの部分で課題を感じているのか」や「どのような解決策を考えているのか」などの具体的な部分にフォーカスした質問を投げかけることで、相手の考えていることや求めていることを把握しやすくなります。

また、何も考えずに話してくる相手に対しては、「何を言っているのか分からない」と感じることがあるでしょう。そう感じたときは、**相手の意見や感情を整理するために具体的な質問を投げかける**ことをオススメします。

例えば、相手が話している内容に具体的な事例がなく、「主張や提案はどこにあるのか」ということが理解できないようであれば、「それはこういう認識で合っていますか?」「それについてもう少し具体的な事例を教えてほしいです」などと伝えます。それによって、相手の発言が具体的かつ理解しやすい形に整理されます。

このように質問や確認を通じて、お互いの理解度を確認しながら進めることが大切です。

もし、自分自身で「何を言っているのか分からないと思われているかもしれない……」と感じたなら、それは論点や意見が明確になっていないということです。そのように感じた出来事があったなら、語彙や文脈を理解するために、具体的な例を仕入れるためにも実践を通して学んでいくようにしましょう。

ポイント

言語化は、何度も繰り返し行って経験を増やすことで予測ができるようになる。また、相手の話を早く理解するには、言葉の表面だけでなく、その人のバックグラウンドや感情にも注目し、「論点・意見は何なのか」といった判断軸を持って聞くこと。

質問に答えるときのポイント

まずは「はい」か「いいえ」で答える

言語化が苦手な人が陥りがちなパターンとして、ほかの人から「これってこういうやり方で合っていますか?」というような質問をされたときに「はい」か「いいえ」で答えず、「ああでこうで……、ここの注意点はここで……、○○さんはああ言っていたけど……、だからこうすればいいよ」といった回りくどくて複雑な回答をすることが挙げられます。このような回答は、「結局、このやり方は合っているの? 間違っているの?」とさらに疑問が増え、相手の理解が難しくなります。

このような場合、**まず初めに「はい」か「いいえ」で返答し、その後に簡潔な理由**

を添えましょう。「こういうやり方で合っていますか?」「はい、合っていますよ。指示の通りにできています」「いいえ、違います。あなたはこういうやり方をしていますが、私が指示したのはこういうことです」と明確に伝えます。

これにより、相手は素早く理解できますし、次の質問への移行もスムーズになります。さらに、次に進むためのアドバイスがある場合は、回答のあとに「次はこのように進めてください」といった付加情報を提供します。質問に回答するときは、長々とした説明や回りくどい表現は避けましょう。

答えに自信がないと、「はい」か「いいえ」以外になりがち

「はい」か「いいえ」で答えない人は、自分をよく見せたい、自分を守りたいという感情が絡んでいます。自己評価に不安を感じ、無能だと思われたくない、悪く思われたくないという気持ちが影響し、遠回しに言葉を選んでいるためです。

「はい」「いいえ」のどちらかが答えだとしても、まず前提条件を説明することで誤解を避けようとしているのですが、その説明が長くなり、逆に相手が理解しにくくなることがあります。

そうなると相手から「だからどっちなの？」とさらに聞かれることになり、話の進行がスムーズにいきません。特に仕事で明確な回答が求められる状況では、迅速な判断が必要です。

悪く思われたくないと思うなら、遠回しでなく、要点を明確に伝えることが大切です。自分を守りたいという気持ちからくる過剰な説明をやめて、質問に対して「はい」「いいえ」のどちらかで明確な回答を行うほうが、誤解を避けることができます。

質問に適切に答えるための回答力

「質問力」という、不明点や疑問点などを適切に問いかける能力がよく問われますが、質問力と同様に「**回答力**」もあるといえます。

質問に適切に回答するためには、質問の核心となる部分、つまり「**その質問がなぜされたのか**」「**相手が何を知りたいのか**」を理解することです。そして、質問を聞きながら、自分が何を聞かれているのか、相手がどのような回答を望んでいるのかを考えることが必要となります。

例えば、業務の進捗に関する質問があった場合、相手が業務の進捗状況をただ把握したいのか、予定通り進んでいるか心配しているのかを理解します。そうすることで、具体的で適切な回答をすることができます。

質問の目的が分かっていれば、答えなくてもいいことを見極めたり、情報を秘密にしたりすることも考慮したうえで回答できます。

例えば、競合相手から戦略に関する質問を受けた場合、相手がこちらの内情を聞き出そうとしていると判断できれば、企業のシークレット情報を守るために具体的な回答を避けることができます。

注意すべきは、質問そのものが間違っているというケースです。例えば、やるべきことをやっていないのに「なぜこの方法でうまくいかないのか？」という質問をしてくるような場合です。

そのようなときは、逆に「◯◯をやっていますか？」と質問し、質問の前提条件を確認します。この逆質問により会話が深まり、相手に新たな視点を与えることができます。

自分へのシンプルな質問には、感情や経緯を交えて答えるといいでしょう。その質問のほとんどが「どうやって」「なぜ」「いつ」といった5W1Hで聞かれるので、それに沿って具体的な事例や手法を交えながら答えます。

例えば、営業の新規開拓での成功体験について聞かれた場合、「なぜ成功したのか」「どうやって進めたのか」といった具体的なエピソードを交えながら話をします。

ポイント

質問に回答する場合、要点を押さえ、簡潔で明確に答える。長々とした説明や回りくどい表現を避け「はい」「いいえ」で適切な説明や条件も付け加えると、相手の理解がスムーズになる。また、質問に適切に答えるためには「回答力」も大事な要素となる。

「分からないので教えてください」を言う勇気

分からないことは、遠慮せずに質問する

話についていけないとか、聞きなれない単語があって話がよく分からないというようなときは、遠慮せずに質問しましょう。素直に「それってどういうことですか？」や「教えてもらっていいですか？」と質問することで、新しい分野の情報や知識を得ることができます。

例えば、新しく配属されたプロジェクトでちょっと分からない専門的な部分があったとします。それが分からない場合は「○○はどういう意味ですか？」や「○○が分

かりませんので、教えてもらっていいですか？」と遠慮せずに尋ねることが大切です。

このように質問することで、**分からないまま仕事を進め、失敗してしまうことを防ぐことができます**。失敗したときは「なぜ聞いてくれなかったの？」と言われることになり、逆に評価が下がる可能性があります。分からないことは最初に質問し、回答を得たことによって理解したうえで仕事の成果を上げるほうが、よほど信頼を得られるでしょう。

ただし、状況によってはその場で質問しにくい雰囲気だったり、わざわざ質問をしなくても自分で調べれば分かるようなケースだったりするのであれば、すぐに質問する必要はありません。状況を判断し、使い分けることが必要です。

「聞き返す」ことは、自分の思考を整理し直すための時間

ほかにも、質問を受けた瞬間に答えが思い浮かばない場合は、もう一度質問を聞き直しましょう。**答えが浮かばないということは、質問された内容が理解できていない**

ときには聞き返すことも必要です

ということです。

「聞き返したら相手を不快な思いにさせないかな……」と気を遣って聞き返さないままだと、質問の意味が分からず曖昧に回答してしまったりします。これはむしろ、質問した相手に「この人、話をちゃんと聞いてくれていないのかな」と思われてしまう可能性があります。

ですから遠慮せずに「すみません、もう一度言ってもらっていいですか?」と聞き返すことで不明点をクリアにし、相手が求めている回答をできるようにすることが大切です。

また、すぐに答えが思い浮かばない別

のケースもあります。それはいくつかの選択肢があってすぐに選べないときや、単純にど忘れしていて思い出せないときなどです。

例えば、「好きな映画はなんですか？」と質問された場合、いろいろな映画が思い浮かび、すぐに答えが出ないことがあるでしょう。また映画のタイトルが出てこないということもあるかもしれません。

このとき、「すみません、たくさんあってすぐ映画のタイトルが出てこないです。ちょっと考えさせてください。好きな映画ですよね？」というように、答えが思い浮かびそうであることを伝えつつ、もう一度聞き返してみることです。

また相手に「先に◯◯さんの好きな映画を教えてください。もしかしたら同じ映画が好きかもしれません」というように付け加えてもいいですね。

相手はそうすると自分の好きな映画のことを話してくれるので、相手の話に共感しつつ「それで思い出しました！　私も◯◯さんと同じジャンルの映画が好きです。◯◯がすごくよかったですが、観られましたか？」というように、相手に先に話してもらっている間に考えを整理することもできます。先に情報をもらえるので共感しながら話すことができ、会話が広がりやすくなります。

この2つの事例からも分かるように、**「聞き返す」ことは、自分の思考を整理し直すための時間でもあるのです。**

ポイント

会話の内容や聞きなれない単語を聞いて理解できなかったとき、またすぐに回答できない質問をされたときは、遠慮なく聞き返そう。「聞くは一時の恥、聞かぬは一生の恥」というように、聞き返すことで新しい情報や知識となり、それから会話が広がることもある。

第5章

言語化の再現性を高める方法

言語化には波やムラがある

自分のコンディションが言語化を難しくさせている

言語化力は、自分の体調やメンタルの浮き沈み、仕事の忙しさによって変動することがあります。特に多忙で頭がいっぱいの状態では、適切な言葉がなかなか浮かばない、またつい余計な一言を言ってしまうこともあるでしょう。

例えば体調が悪く寝込んでしまったときや、疲れがたまっていて身体がだるいという状態が続いているようなとき、人間関係で問題が起こり「何が悪かったのか、なぜこんなことになったのか」とそればかり考えているようなとき。また、複数のタスクを抱えていて、毎日同時進行させているようなときなどです。

しんど…

こんなときに言語化できませんよね

身体がしんどい、気持ちがしんどい、という状態では相手の話にゆとりを持って耳を傾けることができず、また相手に共感するといった気持ちの余裕もありません。これではコミュニケーションエラーが起こりやすくなります。

これが仕事だと、コンディション不良のときに雑な返答をしてしまい、「自分で考えろって急に怒られたんだけど、なに？」とか「確認したら、それでいいからそっちで進めてと言われたけど、何を進めるの？」というように、明確な答えを受け取ることができず、実際に業務に支障が出てしまう可能性もあります。

言語化が難しくなる要因

なぜ適切な言葉が浮かばなくなったり、余計な一言を言ってしまったりして言語化が難しくなるのか、その要因を知っておきましょう。

●認知負荷

パソコンやスマホのように、人間の脳にも限られた容量があります。その容量を使いすぎて、脳に負荷がかかってしまう状態を認知負荷といいます。複数の情報やタスクが同時に脳にかかると、その処理に必要な認知負荷が増加します。「スマホが重くなる」状態と同じようなことが人にも起こっているわけです。

つまり、脳が多忙な状態になり、同時に多くの情報を処理しようとするため、言葉を選ぶプロセスが混乱しやすくなるのです。

● **ストレスや不安、焦り**

多忙な状態や緊張した状況に置かれると、ストレスホルモンの分泌が増え、脳の機能が変化します。これにより、思考が阻害され、言葉を考える能力が低下します。

● **気が散る**

複数の仕事やタスクに同時に取り組むことが求められる多忙な状態では、ひとつの課題に集中することが難しくなります。言葉を選ぶことに集中できなくなり、浅い表現や短絡的な言葉を選びがちです。

● **疲労による集中力の低下**

多忙な状態やメンタル不調からくるストレスにより、体力的にも精神的にも消耗し、集中力が低下します。この状態では、言葉を選ぶプロセスに十分な集中力を割くことが難しくなります。

● **感情の影響**

メンタル不調による感情の浮き沈みが、言葉の選択に影響を与えます。例えば、緊張や不安が高まると感情が先走り、感情的な言葉を使ってしまいます。

このように、言語化が難しくなる要因が複雑に絡み合って言葉がスムーズに出てこなくなるのです。これらの要因を知ったうえで、自分でそこまでの状態にならないように管理し、回避することも大切です。

常に一定レベル以上の言語化をする方法

どのような状態でも、特に仕事では一定のレベル以上の言語化ができるようにしておく必要があります。

プライベートなら「この前はごめん、仕事が立て込んでいて気持ちに余裕がなかったんだ」など修復することができますが、仕事ではたった一言で信用を失ったり、チームのバランスが崩れたり、仕事がうまく進まなかったりする可能性があります。

後から修復しようとしても、すでに仕事上の問題が起こってしまっていた場合は「ごめんなさい」で済まないこともあるのです。例えば、取引先との交渉でうまく言語化できず大きな案件を逃した、自分が不利になるような提案をしてしまい、さらに多忙になったうえに大きなミスをした、などのようなことが起こります。

そのようなことにならないためにも活用していただきたいのが、次の5つのポイントです。

❶ぼんやりした話し方をやめる
❷例え話を交えて、抽象と具象で伝える
❸数字を使う
❹感情を揺さぶる言葉を意識する
❺ユーモアを交える

この5つに加えて、第2章で解説したPREP法、DESC法などのフレームワークもオススメできます。実際に僕自身も活用しています。

では、次の項目からひとつひとつ説明していきます。

ポイント

自身の体調やメンタル、多忙で頭がいっぱいの状態では、言語化が難しくなることがある。そのようになってしまう要因を知って、ある程度自身で回避することも必要。またいつも一定のレベル以上の言語化ができるよう、再現性が高いポイントを覚えよう。

ぼんやりした話し方をやめよう

ぼんやりした話し方の特徴

「ぼんやりした話し方」とは、話す内容が不明瞭で、具体性がなく漠然としているような話し方のことです。自分でも何が言いたいのか分からないまま話し始めてしまって、伝えたいことが明確になっていないため、相手に話の趣旨が理解されにくいのが、ぼんやりした話し方の特徴です。

このような話し方をする人は「なんとなく」考えて「なんとなく」話している人が多いのですが、次にその特徴を挙げます。

●**抽象的で細部が欠如している**

話に具体的な事実や詳細が不足しており、何について話しているのか、どのような状況なのかが明確でない。

例「なんかちょっと難しいかな……みたいな」

「それでいいから、そっちで修正して」

●**言い回しが曖昧、表現が乏しい**

言葉の選び方が曖昧で、適切な言葉や表現が使われていないことで、具体的なイメージや概念がうまく伝わらない。

例「最近、嫌な感じがするんだよね」

「交渉したらなんかいけそうな感じでした」

●**話に構造がない・本題からずれる**

話に論理的な流れや構造が見られず、話の展開が突然変わったり、戻ったり、終わったりする。相手が話についていけない。

例「昨日、部長に企画書を持って行ったらね、○○さんに会ったんだけど、あ、そういえば○○さんってこの前ね……」

このような特徴が挙げられます。親しい間柄であれば、これらの特徴が受け入れられるかもしれませんが、仕事ではこのようなぼんやりした話し方では問題が生じます。

こういったぼんやりした話し方を改善し、相手に伝わるようにするためには、まず「やめたほうがいいこと」を理解しておくことです。

余談と無駄話に注意

伝わるように話すためには、話し方のテクニックよりも、まずやめたほうがいいことを知って改善していくことが大切です。第一に挙げられるのは、「**本当に余計なこと、無駄なことは話さない**」ことです。

余計なことは余談ともいいますが、余談が過ぎるのはダメです。「余談なんですけど……」と挟まずに会話を続けてしまうと、相手からは突然話が違う方向へいったと思われます。余談は、話の内容に多少は関連しているものの、本筋から外れていて「余計な情報だけれど相手に伝えておきたいちょっとした話」なのですが、伝えなければいけない話でもありません。余談を多用すると、話の内容が理解しにくくなります。

また、会話の中での無駄を省くことも大事です。会話の中の無駄というと、回りくどい表現、無駄に長い前置き、よく分からない「例え話」などが挙げられますが、このような無駄な話も内容が伝わりにくくなる要因です。

伝えたい想いが強いからこそ、無駄とも思える内容をいろいろ入れてしまうというケースもありますが、最初からあれもこれも喋ろうとしないことです。

相手も話の中で分からないことがあれば質問してくるでしょうし、場合によっては「ここまでの話で、分かりにくかったところはありますか?」「伝わってますか?」とこちらから聞いてもいいでしょう。

結論や目的を最初に伝える

話している間に、何を一番伝えたいのか分からなくなってしまうことは誰にでもあります。情報を伝えたいのか、感情を共有したいのか、聞いてもらっている相手からフィードバックがほしいのか、どれだろう？と、結局何について話したかったのか分からなくなってしまうことってありますよね。

これを回避するためには、話し始めの段階で、情報がほしいのか、感情を受け止めてほしいのか、壁打ちしてほしいのか結論を言うことです。

壁打ちとは、相手に自分の考えや悩みについて話し、それに対してフィードバックをもらうということです。

ケース別に「話し始めの結論」の言い方の例を次に挙げます。

● **情報がほしい場合**

例「ちょっと○○について教えてほしいことがあるんだけど」

● **感情を受け止めてほしい場合**

例「すごく腹が立つことがあって聞いてほしいんだけど」

● **壁打ちしてほしい場合**

例「自分なりに思っていることがあるんですが、合っているか分からないので確認させてもらえませんか」

このように、これから話す内容の結論を明確に伝えておくと、相手もそのつもりで聞く姿勢になってくれます。

もし、話している途中で自分が何を言いたかったのか分からなくなったら、これまでに話したことを思い出します。「ちょっと待って、話してて混乱してきた」などと言うことで、相手は沈黙している間も待ってくれます。それでも分からなくなっていたら、相手に「最初に何を言おうとしてたっけ？」と確認してもいいですね。そうすれば「◯◯の話って言ってたよ」と相手が補足してくれるでしょう。

このように、明確な結論や目的を最初に伝え、必要ならば相手に確認を求めることで、話の方向性を保ちながら会話を進めることができます。

これはある意味**「自分の会話に見出しをつける」ことであり、必要なときに見出しを見つけるということです**。これはもちろんプライベートでも仕事でも使えます。

相手へのリアクションがずれてしまったらどうする？

逆に自分が聞く側になったときに、自分が相手に対して返すリアクションがずれてしまうのではないか、という恐れに対しては「ずれていたら謝る」でいいのです。誤解があったな、と分かったらすぐに謝ることで問題は解決します。

例えば、**辛かった話だと思って聞いていて「辛かったね」と言ったら、「辛い話じゃないよ」と言われた。よく聞いてみると、辛いことを乗り越えた話で、相手は「頑**

張ったね」と言ってほしかった、というような場合です。

そんなとき、黙ってしまうと逆に気まずいので、「わ〜、ごめんね！　あなたが辛かったんだなって思っちゃって、思わず口に出ちゃった。でも違うんだね、続きを話して！」というように謝ると、相手は「ちゃんと聞こうとしてくれているんだな」と思い、また話してくれるでしょう。

ただし、同じことを何度も繰り返すと「ちゃんと聞いていない」と思われますので、注意が必要です。

話がグダグダになるのを回避する方法

話し始めたのはいいけれど、話をスマートに終わらせられずグダグダになってしまうことはありませんか？

例えば、緊張して挑んだ社内発表の場で、緊張が続いて頭がよく回っておらず、どうやって終わらせたらいいのか分からなくなりグダグダになってしまった、友達に話したいことがあって「聞いて〜！」と話し始めたのに、話の収拾がつかなくなってしまってグダグダになった、などです。
このように話の最後がグダグダになるのはスマートではなく、聞いている相手も「結局なんの話だったっけ?」と思うでしょう。「終わりよければ全てよし」という言葉があるように、話がきれいにまとまるとスマートな印象を与えます。

話をまとめられない人は、ゴールを決めて話していない可能性があります。要するに、話の結末としてどんな言葉やフレーズでゴールを迎えるべきかが頭に明確にないため、切り上げるタイミングが分からず、話しているうちに初めに何を話したのかも忘れて、**終わりがないまま話が続いてしまっている状態**です。

話している自分自身も「この話のゴールはなんだったかな? どう結論づければいいのかな?」と分からなくなり、話が迷走するのです。

このようなグダグダな話の終わらせ方を回避するためには、最初に自分が話をする際に、「話のゴールは何か」「どんなフレーズが適切なのか」を頭の中で設定しておくと、話がグダグダになるのを防ぐことができます。

「これを話す」と決めたら、まず結論を意識することが重要です。

話の構造を「結論、理由、具体例、再び結論」のように整理しましょう。話を終わらせるタイミングで、結論をもう一度繰り返すと話をスマートにまとめられます。

これに当てはめると、「最近、言語化するってことが本当に大事だなって思うようになって。言語化ってコミュニケーションの基本だと思わない？　だって、伝わらないとコミュニケーションが図れないでしょ。そのためにこの本を読んでるんだけど、今まで何も考えずに使っていた言葉を改めて見直すきっかけになってるんだよね。やっぱり言語化って人にとってすごく大事なんだと思ったんだ」となります。

話を聞くときは、リアクションのパターンを決めておく

話すだけでなく、相手の話を聞くことも会話です。ただ黙って聞いているだけでなく、「うんうん」「なるほど」などのリアクションも会話には欠かせません。

しかし、相づちにフォーカスしすぎると相手の話が入ってこなくなることがあります。相手の話を聞いているうちに、「そういえば私にもそんなことがあった」と思い

出し、「次にこれを言おう！」とタイミングを狙っているときも、それ以降の話が頭の中に入ってこなくなります。

これは完全に意識が自分に向いてしまっている状態ですから、意識を相手に向ける必要があります。自分に意識を向けていると相手の話とずれた相づちを打ったり、変なタイミングで自分の話を始めてしまったりします。すると「**私の話を聞いてる？**」と言われたり、「**急に私の話を遮った**」と思われたりしてしまいます。

過去にずれた相づちを打ってしまった、タイミング悪く自分の話をして場の空気を変えてしまった、という経験があると、話を聞いているときのリアクションにコンプレックスを感じ、「繰り返さないためにも、一生懸命相づちしなきゃ……」と意識が自分に向き、話が入ってこない悪循環に陥ります。

そんなときは、普段からリアクションのパターンを決めておくとよいでしょう。コンプレックスを感じる状況でも、あらかじめ決めたリアクションパターンを活用することで、自分の意識を相手に向けやすくなります。

例えば、**「なんでも知っている」というスタンスをやめ、自分が知っていることでも初めて聞いたかのようにリアクションする**などもひとつの方法です。すでに知っている話になっても「なるほどね！」「そうなんだ！」のように初めて聞いたかのようなリアクションをとると、会話が楽しくなります。

もし自分が話しているときに「それ知ってるよ」と言われたら、そこで話は終わってしまい、なんだか気まずく感じますよね。

リアクションを入れるときのコツ

リアクションは細かく入れることが大切で、黙る回数を減らすようにしましょう。その際「うんうん」「それで？」などしっかり聞いていることが相手に伝わるように相づちを打ち、また「ほお〜、なるほど〜」など言いながら腕を組んでうなずいたりして、**相手の話から得るものがあるということを態度で示します**。

相手の話がすごいと感じたときは、笑いながら「おまえ、すごいな！　そんなことができるんだ！」と驚きの表情を見せてもいいでしょう。

リアクションのパターンを決めておきましょう

このように、自分の中でリアクションの軸を決め、それに基づいた複数のパターンを感覚的に持っておくことが大切です。これを実践すると、自分のリアクションにフォーカスせず、相手に対して適切な相づちを返しながらリアクションをとることができます。

「だよね」という共感の表現があれば会話は続く

会話が苦手な人は、基本的に自分から話すよりも、質問されたら答えるスタンスをとるとよいでしょう。相手が話している間は、遮らずに話を最後まで聞くことで、相手が気持ちよく話ができます。

ちょっと話の合間ができたら、共感を示すために自分も同じようなエピソードを話して、「自分もそうだったよ」といった共感の言葉を入れるといいでしょう。

会話は、「だよね」という共感の表現があれば続くものです。

例えば、上司にミスを指摘されて落ち込んだという話を聞いたとき。

● 「私も同じことが以前にあったからすごく分かるよ。指摘してもらえるのはありがたいんだけど、みんなの前で言われたから落ち込んじゃって……」

● 「だよね、みんなの前で言われたら落ち込むよね」

● 「うん、そうなんだよね、でもそのあとに同僚が『大丈夫?』って励ましてくれて、その日一緒に飲みに行っていろいろ聞いてもらったんだ」

● 「わぁ、いい同僚だね」

● 「そうなんだよ、その同僚ってね……」

というように「だよね（共感）」が続くと、自然に会話が盛り上がっていき、話が途切れることはありません。

自分の発言に自信を持って話す

プライベートなら特に意識しなくてもいいのですが、仕事においては自分の意見や考えを明確に伝えることが大切です。

僕はＳＮＳを使って仕事をしていることもあり、はっきり伝える姿勢で発信しています。僕の発信する情報を疑う人は情報を受け取らなくてもいいし、受け取りたい人は受け取ってくれたらいいというスタンスです。

発信内容が一般的なことであったとしても、自信を持って言い切る言葉のほうが、相手には印象的に聞こえます。

僕のライブは高い視聴率を誇り、視聴者は最後まで残って観てくれます。

視聴者に「なぜ最後まで観てくれたのですか？」と尋ねたところ、「自信を持って言い切ってくれるから」との回答が返ってきました。また、「有益な情報だし、途中で抜けたら何か重要な情報を逃すかもしれない」との理由から最後まで観てくれる人もいます。

自分の発言に自信を持って語尾を言い切れない人は、マインドの弱い部分が影響していて、「はっきり言うと失礼になるかもしれない……」「感じが悪いように見えるかもしれない……」などの意識が働いて、言葉が曖昧になってしまうことがあります。

自分の発言に自信を持ち、語尾をはっきり言い切るためには、伝えたい内容に確信を持つことが必要です。

重要なのは、自分が発言を求められるテーマに関しては確信を持って言い切れるほどに理解しておくことです。もし僕が天気予報士で、天気図を見て明日は必ず晴れると確信したなら「明日は晴れます」と自信を持って言い切れますが、天気予報士ではないため、「明日の天気は晴れです」とはっきり言えません。「晴れるんじゃないでしょうか」「晴れたらいいと思います」となります。これは嘘をつかないための必然的なものです。

自信を持って言い切るには、部分的に理解するよりも、パターンごとに同じ結果に至る思考を持っておくことです。「こうだった場合、こうだったな」といった規則性が自分の中にあると、発言に自信を持てるようになります。

自分に自信がない人の正体

失敗経験から学べば、次第に断言して言い切れるようになっていきます。「これをしたから失敗した。逆にこれをしなければ失敗しない！」と言えるようになるのです。自分が確信を持っていないのに断言すると、もし失敗した場合に信頼を損ない、ホラ吹きと見られてしまう可能性があるため慎重に扱うべきです。

あなたが何かに関して「絶対」と言えるほど、その事柄に対して確信が持てているのか、その根拠は何かがハッキリしていれば、自信を持って話していいでしょう。

人は自分に自信がないと、自信のある人に惹かれます。

自信を持って言い切って発言できる人と、なかなか自信を持てず言い切れない人では、圧倒的に後者のほうが多いです。

なぜ自分に自信が持てないのか。それは、自信を持たなければならない状況に自分を置いていないことが主な原因です。

ずっと責任を負わなくていいポジションに身を置いて成功体験を積まず、自信をつける機会を持たなかったため、自信がつかないという負のループに陥っています。

自信を持ちたいのであれば、積極的に変化を選ぶべきです。重要なのは、自分がどうなりたいかを考え、その方向に向かって進んでいくことです。

これをやめるだけで言語化力が高まる

これをやめるだけで言語化力が高まるポイントを一言で言うと、「**全てを当たり前と思わないこと**」です。当たり前だと思った瞬間に言語化力の成長は一瞬で止まります。これは第1章でも伝えていますが、ここまで読んだうえで、もう一度考えてほしいことなので改めて伝えます。

例えば、「スイッチを入れたら電気がつくのは当たり前」ではなく、「なぜスイッチを入れたら電気はつくのか？」と考えることです。

スイッチを入れたら電気がつくのは当たり前？

言語化は興味や関心から始まるものなので、分からなければすぐに調べる。この繰り返しで言語化力が磨かれます。

今も「当たり前」という言葉が出ていますが、この「当たり前」という言葉に対して疑問を持ち、「『当たり前』ってなぜそう呼ばれるんだろう？」と考えることすらも言語化のキッカケになります。

そこから調べていくと「当たり前」の対義語である「ありがたい」という言葉を知り、「なぜこの2つが対義語なのか？」と考え調べることで、「当たり前」という言葉から思いがけぬ情報が得られました。

「分からない」人生はつまらないと思いませんか？「分からない」をやめて「なぜ？」と考えてみましょう。

普段から言語化しているからこそ、話を深めたり広げたりすることができるのです。

ポイント

ぼんやりした話し方は、特に仕事において問題が生じる可能性がある。人に伝わる、惹きつける言語化力はちょっとしたポイントで高めることができる。言語化力を高めるためには、「当たり前」思考をやめて、「なぜ？」と考えること。

例え話で「他人事」を「自分事」に変えよう

例え話にはどのような効果があるか

人は基本的に、自分に関係のあることしか興味を持たない傾向があります。結論だけの話は相手にとって遠い存在になりやすく、自分事ではないと判断されて共感が得られません。

しかし、一見相手が興味を持ちにくい話でも、**例え話を使うことで聞き手自身の経験や現実に結びつけることができれば、共感して聞いてくれるようになります。**

例え話は会話の中で相手を引き込むとっておきの手段であり、使いこなせると次のようなメリットがあります。

● **感情移入と共感が生まれやすい**

例え話は感情移入がしやすく、「なるほど!」「そういうことか!」という共感を生むことができます。相手が話の登場人物や状況に共感することで、伝えたいことがより深く浸透しやすくなります。

● **話に興味を引かせる**

例え話は相手の興味を引くのに役立ちます。相手が興味を持って聞いてくれるので、伝えたいことの核心に導きやすくなります。

● **説得力が上がる**

例え話は説得力を高める手段としても有効です。例え話を通じて伝えることで、主張や立場が理解されやすくなり、相手を説得しやすくなります。

●**記憶に残る**

例え話は記憶に残りやすく、話の中で伝えたいメッセージを相手の記憶に残せる効果があります。

●**複雑な話の難易度を下げる**

相手が知らない、得意分野ではないような複雑な話を、例え話によって具体的で理解しやすい形に変えることができます。

例え話を磨くためにはどうしたらいいのか

会話では、結論とその理由が明確であれば、相手は理解しやすくなります。ただし、**理由だけで十分に納得させることができない場合、例え話が役立ちます。**

例「赤信号は守らないといけません。なぜなら車と衝突する事故に遭う危険性があるからです。だから赤信号を守りましょう」

というように、結論と理由があれば相手に伝わりやすくなります。しかし、「誰も見ていないと思って赤信号で渡ったとしても、社会のルールを破ってしまったバツの悪さは自分の中に残りますよね？」と赤信号に関連する具体例をつけ加えると、より相手に伝わります。

例え話はセリフを暗記して覚えるのとは違い、「自分の経験や知識など、言語化の引き出しをいくつ持っているか」「それをどのように引き出すか」といった**その場でのひらめきの要素**があります。

そのうえで、次の点を意識しておくと例え話をするときに役立つでしょう。

● **日常の観察力を鍛える**

身の回りの出来事や人間関係を注意深く観察しましょう。日常の中で見聞きしたエピソードを例え話に結びつけることで、話が具体的でリアルになります。

● **シンプルで分かりやすいストーリーを考える**

複雑な話や抽象的な話ではなく、シンプルで分かりやすいストーリーを考えましょう。共感を呼ぶためには、聞き手が簡単に理解できる内容にすることです。

●感情を表現する言葉を使う

相手が登場人物と感情を共有できるような表現を心がけましょう。相手が感情移入をしやすいように、感情を表現する言葉を使うことでより共感されます。

●リズムや音の使い方を意識する

話をリズミカルにしたり、音の使い方に工夫を凝らしたりすることで、話が響きやすくなります。リズムや音は聞き手を引き込む効果があります。「驚いた」よりも「わぁ！って驚いて」や、「そっとドアを叩いて」よりも「そっとドアをコンコンって叩いて」などと表現することで、よりリアルになります。このとき声のトーンも変えるとより効果的です。

● **テーマを強調する**

例え話には明確なテーマが必要です。何を伝えたいのか、どんな教訓やメッセージが込められているのか伝わるような例え話を選択することです。

● **相手の興味や感情にアプローチする**

相手の興味を引くテーマや感情にアプローチすることで、話がより共感されやすくなります。相手の反応を確認しながら話すことがポイントです。

これらのポイントを日常的に意識することで、例え話力が磨かれていきます。

ポイント

例え話は会話において効果的なコミュニケーションツールであり、例え話を使うことで相手の共感を得られ、伝えたいことがスムーズに伝わるようになる。

数字を使おう

数字を使うことで認識が一致する

具体的な指示や情報を伝える際に数字を使うことで、こちらの意図が伝わりやすくなります。「あそこにある本を取ってきて」という指示よりも、「**1番上の棚の左から3番目に入っている本を取ってきて**」というほうが明確に伝わり、相手と自分の認識が一致します。

「あそこにある本を取ってきて」だと、自分が思っていたのと違う本を持ってきてしまう可能性があります。数字を使うのは、お互いの認識にズレが生じないようにするためです。

数字を使えば無駄なやり取りが防げる

数字を使わないと無駄なやり取りが増え、やり取りが増えるごとにお互いの認識がずれていく恐れがあります。

例えば、待ち合わせのとき、ただ単に「ホームで待ち合わせしよう」というだけでは、あとで「どこにいるの？」といったやり取りが発生します。これを避けるために、具体的な数字や場所を伝えることで、無駄なやり取りを防ぐことができます。

大阪駅で待ち合わせをするとすれば、「**大阪駅のホームで待ち合わせしよう。進行方向の先頭から3番目の車両の、1番ドアに乗っておいて**」というように具体的な指示をすることで、相手はその指示に従って行動してくれるので、自分はそこに行くだけで済みます。

「どこにいるの？」というやり取りや、相手を探す時間を短縮できます。

数字を使って言語化するのは日常生活でも役立ちますが、特に仕事をするときには数字を使ったコミュニケーションが欠かせません。仕事では、価格の確認、スケジ

数字を使うときちんと伝わる

ュール管理、進捗報告、目標設定、市場分析やデータ戦略など、あらゆる場面において数字が必須となります。ここが曖昧だと認識のズレが発生し、思わぬトラブルにつながる恐れがあります。

「1＋1＝2」の足し算のように、人や状況によって答えの2が1や5になることがないのが数字の強みです。これほど認識のズレを防いでくれるものはないので、うまく活用してコミュニケーションエラーを予防しましょう。

ポイント

数字を使って言語化することの一番の目的は、コミュニケーションコストを減らすこと。数字を使うことで、情報の精度が向上し、不確実性を排除し、時間とエネルギーを削減できる。

自分の感情に敏感になろう

言葉で感情を揺さぶることができる

僕はコンサルティングの仕事をしていますが、成功したいと言う人に「成功するためには自己投資が必要ですよ」とだけ言っても、感情は動かせないし、行動もしてくれません。

しかし、「僕自身、自己投資を怠った結果、成長が止まってしまい伸び悩んだ経験があります。自分の力だけで目標に近づくのはとても時間がかかるので、今なら成功するためには自己投資が必要ですよと、胸を張って言えます」というように、自己投資をせずにタイムロスをしたという経験から、自己投資は大切であるということを言い切るようにすると、感情を揺さぶることができます。

人の感情を動かすためには、ただ言葉を伝えるだけでなく、具体的な経験やバックグラウンドを熱量を持って伝えなければいけません。

相手の感情の熱量も上げないと温度差が生まれるので、感情を揺さぶるには自分から熱量を上げ、相手に熱量が伝染するように伝えることが重要です。

感情を揺さぶる話の構成

人は理想と現実のギャップが大きいほど感情が動きやすいものです。

感情を揺さぶるためのフレームワークとして、**「PASTOR（パスター）フォーミュラ」**があり、主にセールスやコミュニケーションの文脈で使用されます。

「PASTOR」はそれぞれの言葉の頭文字を表していて、これに基づいて話すと、共感や納得、感情移入や説得力につながります。

「PASTORフォーミュラ」のプロセスは次の通りです。

- Problem（問題）、Person（人物）、Pain（痛み）
最初に相手の興味を引きます。相手が誰なのか、どんな状況なのかなどを考慮して気持ちに寄り添います。自分のことではなく、まず相手の立場に立つことで、共感を呼び起こし、感情的なつながりを生むことができます。相手が「自分に関係があること」と興味を示します。

- Aspiration（憧れ、共感）、Amplify（増幅）
「分かるよ、自分も実はそうだったから」「私も以前、同じことに悩んでいた」という自分自身の経験に基づいて共感します。そうするとさらに相手の共感が強まり、親近感や信頼感が高まります。

- Story（物語）、Solution（解決策）
ダメな過去や失敗談など、自分のストーリーを相手に話します。そして、それをどう乗り越えたのか、どんな解決策をとったのかなどを具体的に話します。あなたの体験談を聞いて、相手は自分と重ねることができるので、より真剣に話を聞いてくれます。

● Testimony（証言）、Transformation（変身）

他者、つまり「自分以外の他人」の具体例を話します。自分だけではない、ほかの人も同じようなことがあった、同じように結果を出すことができた、という話をすることで、真実味が増し、信頼性を高めます。

● Offer（提案）

具体的な提案や行動を促します。

● Response（行動）

最後に、相手に行動を起こさせるようなメッセージを伝えます。背中を押す言葉がいいでしょう。

このフレームワークは言語化やコミュニケーション上級者向けのテクニックのように感じるかもしれませんが、使ってみたら意外とシンプルに話せます。

相手に寄り添って共感して「自分もそうだったよ」から自分のエピソードを話す。自分以外の人の話もして、「○○しよう」と提案して背中を押す。これを伝えていくだけなので、難しいものではありません。

人を惹きつけるという点では非常に効果が高いので、プライベートとビジネス、どちらにも使えます。

ポイント

人の感情を揺さぶるためには、ただ言葉を伝えるだけではいけない。熱量を持って相手に伝え、相手の熱量も上げていくことが必要。PASTORフォーミュラは意外とシンプルなフレームワークなので、ぜひ使ってみよう。

ユーモアを交えるための「別視点」

ユーモアには規則性がある

自分ではなんとなく話したことが、意外と周りからは「面白い」と好評だったことがありませんか？　自分は「なに？　今の何が面白いの？」ときょとんとしているのに、周りは面白いと笑っている。

自分にはユーモアの才能はない、と思っていても、ほかの人からすれば「面白い話」や「面白い反応」になることがあります。これは、**ユーモアの規則性にたまたま乗った**ということです。

これからは、「たまたま……」という確率に当たるのを待つのではなく、ユーモアの規則性を知って、自分のタイミングでコントロールできるようになれば、あなたの話は「面白い」「楽しい」と多くの人に受け入れられるでしょう。

ユーモアのある人は相手の発言に別の視点からアプローチし、オチを上手につけることができています。つまり、言い換えが飛躍的な発想で、相手の想像を超えて整合性が保たれたときに「面白い」と言われるのです。

ユーモアを交えるためには、簡単にいうと笑いをとることを意識します。漫才にボケとツッコミという役割分担があるように、どちらかの役割をするか両方をやるかになります。

漫才のことをよく知らない人のために少し解説をすると、ボケ役は「ある話題において、わざとらしく明らかな、しかも観ている側が共感できるようなレベルでの間違いや勘違いを言葉にして、笑いを誘う流れをつくる」、それに対してツッコミ役は「ボケ役の間違いを素早く指摘して笑いを生む」役割があります。

会話の中で笑いが生まれるときは、自分がボケて相手に突っ込んでもらうか、ボケ

た相手に自分が突っ込むかのどちらかです。ツッコミ相手がいないなら「一人ボケツッコミ」をして自分で突っ込みます。

ツッコミが面白いのは、みんなが思っている意見を代弁するからです。「それは違うだろ！」とみんなが思っていることを突っ込むことで、笑いが生まれるのです。

注意点として、自分ではユーモアだと思って突っ込んだことが、相手にとっては「バカにされた」「自分の失敗をみんなの前で笑われた」と思われることもあるので、一人ボケツッコミが誰も傷つけず安全です。

ユーモアを意識的に扱うのは難しいですが、相手が予測していないところに面白さが生まれます。

「ここのお店、すごく美味しいんだって！　それにしてもお酒に合いそうなメニューが多いね～！　飲みすぎたらどうしよう……って私飲めないんだった！」のように、自分の感想を言ってから、相手の代わりに突っ込むスタイルは、相手が飲めない事実を知らなければ「えっ、そうなの？」と予測できないツッコミなので、「飲めないいんかい！」となり、楽しい雰囲気で話題が続いていくでしょう。

すべることを恐れず堂々とすべろう

ユーモアには遊び心と、すべることを恐れないことが大事です。すべることを恐れていると何も言えなくなります。もし話をしていて「今、すべったな……」と思っても大丈夫です。**すべっておけばいいのです**。逆にすべった瞬間を利用して笑いを生み出すこともできます。

僕はすべったかなと思ったときには、急に真顔で「いや、すべってないからな」と言ったりしますが、結構みんなが笑ってくれます。僕は人に笑ってもらうのが好きなので、それが知らず知らずのうちに練習になっていたのだと思います。

まずはプライベートですべることを気にせず話してみましょう。

もし、すべってしまったときは、恥ずかしそうにするよりも逆にその状況を利用してすべったことを開き直ってしまいましょう。「ごめん、すべった」などと言うと気

すべりまくって いいんです

まずい雰囲気になることがあるため、いっそのこと開き直ったほうが面白くなります。「え？　もしかして今すべった？」とか「すべったとしても全然大丈夫！」「ここは笑うところですよ～」などと言うと、相手がクスッと笑ってくれたりします。

ポイントは落ち込んだり恥ずかしがったりせずに、楽しい雰囲気をつくってしまうことです。**自分がポジティブな方向に持っていくことで、相手も同じ方向に引っ張られます**。

ポイント

ユーモアを交えて言語化すると、相手もその面白さに引っ張られ、場が楽しい雰囲気になる。「一人ボケツッコミ」などを活用して、どうしたら相手を笑わせることができるか？と考えて伝えること。すべっても気にしない。

第6章

言語化できる人であり続けるための習慣

インプットとアウトプットを繰り返そう

自分に必要なインプットを知ろう

言語化できるようになるためにインプットは必要不可欠ですが、語彙を増やそうとインプットに意識を向けるのではなく、**「アウトプット（言語化）が必要なので、それに備えてインプットをする」**ことが大切です。「どのような場面で」「誰に向けてアウトプットするのか」によってインプットする内容は変わります。

勉強を例に考えてみましょう。ただ単に「勉強しよう！」という動機ではなく、**学んだ知識を具体的な場面で生かすことを考えるとインプットする速度が上がります。**

勉強を、学生時代のように単なる「勉強のための勉強」と捉えていると、良質なインプットは難しいでしょう。この習慣を断ち切り、学習方法を変える必要があります。

義務教育の難しさは、将来どう役立つのか分からないのに努力しなければならないことです。逆に、**将来の目標に対し、どう使えるかがハッキリしていれば吸収力が高まります**。

例えば「将来は医者になりたい」という目標があれば、当然大学は医学部へ進みますし、そのために必要な教科の成績を上げるために努力できるでしょう。

自分からアウトプットする場をつくろう

言語化力を高めるためには、インプットするだけではなく自分でアウトプットする環境を積極的につくることが大切です。

例えば、僕の場合、週に1回または2回は受講生に対してアウトプットの場があります。情報を発信し、自分の考えを他人に伝えるためには多くのインプットをする必要があります。

アウトプットする環境はどんな形でも構いませんが、ＳＮＳなどで情報発信するようにすると「アウトプットをするためにどんどんインプットをして、いつでもそれを発信できる」ので、言語化力が上がり続けます。

今何も発信していない場合は、自分が持っている情報を披露できるとか、同じ興味を持つ人が集まるオフ会のような場に参加するのもいいですね。

言語化力はアウトプットの回数に比例する

学歴が高いからといって必ずしも言語化力が高いわけではなく、むしろ自分なりに勉強を重ね、言語化に時間を費やしてきた経験が言語化力と比例するといっていいでしょう。

また、どれだけアウトプットしているか、アウトプットの回数も大事です。単に家に引きこもって一人で勉強しているだけでは、言語化力は高くなりません。なぜなら、書物などから得た知識を自分の中でインプットしているだけであり、そこには他者との対話がないからです。

学ぶ意欲の高い人は一般的に言語化力が向上する傾向がありますが、単に勉強をするだけでなく、いろいろな人とコミュニケーションをとりながらアウトプットすることで、言語化力が高まります。

ポイント

インプット・アウトプットは、「アウトプット（言語化）が必要なので、それに備えてインプットをする」ことがポイント。ときには意図的に困難にぶち当たり、何が必要なのかを知ること。自分でアウトプットする環境を積極的につくり、人に向けてアウトプットしていこう。

自分からコミュニケーションをとろう

普段から遊び心を持って楽しもう

毎日の何げない会話の中でも、意識してみれば「これは言語化できるチャンスだ」と思える場面はたくさんあります。むしろ、仕事のプレゼンや交渉、スピーチなどの機会は限られているため、普段からコミュニケーションを積極的にとっていくことが言語化上達の近道です。

普段のコミュニケーションが苦手な人が、仕事のプレゼンや大事な交渉の場でしっかりと伝えたいことを言語化できるかというと、難しいでしょう。なぜなら、普段からコミュニケーションに慣れていないため、緊張や不安が起こりやすく、うまく伝えられないことが多いからです。

言語化のコツは、**普段のコミュニケーションを単なる義務として捉えたり、「人と関わることがストレス」と考えたりせず、挑戦の場と捉えることです**。

また、そのプロセスも楽しんでみてください。遊び心を持つことで、インプットしたことを吸収できる心の余白が生まれます。

思った通りに言語化できた喜びを積み重ねよう

日々のコミュニケーションを楽しもうとすることで、自分の考えが伝わったり、自分の言葉によって相手が意図したように行動してくれたりすると、嬉しいものです。

人は自分の思ったように事が進むと、確かな手応えを感じます。

ゲームでも下手よりうまいほうがプレイを楽しめるし、能力を高めていけば、ゲームのキャラクターが思い通りに動く感覚や、難しいステージをクリアする充実感を得られます。

自分のスキルが上がることで、ゲームプレイがより一層面白くなるように、言語化も成功体験を積み重ねて、それをコントロールできるようになれば、どんどん成長していくでしょう。

言語化がうまくいくと、感覚的に言葉がピタリとはまる瞬間があり「相手に伝わったな」と感じるような手応えがあります。そうなると言語化することがますます楽しくなります。

ポイント

普段からコミュニケーションを積極的にとっていくことが、言語化上達の近道。大事な場面でしっかりと言語化できるようになりたければ、普段のコミュニケーションも言語化の挑戦と考え、遊び心を持って楽しむこと。

言語化が得意な人と積極的に話をしよう

言語化が得意な人と話すメリット

言語化が苦手な人は、言語化が得意な人と話すことをオススメします。言語化が得意な人は、相手から会話を引き出すことがうまい人が多いです。共感できるような話題を振ってくれ、自然に背景を汲み取ってくれるので、自分も言語化がスムーズにできるのです。**言語化が得意な人と話していると、自分も言語化がうまくなったような気がする**でしょう。

自分の頭にスッと入ってくる言葉の組み立てや、自分が知らなかった表現に触れることは「言語化できるすごさ」を体験することでもあり、自身の言語化力の成長にもつながります。

これは、**英語を話せるようになりたいから留学して、英語しか話さない環境に身を置くことで、英語が早く話せるようになるのと同じです。**

言語化は環境に左右される

言語化レベルを引き上げたいなら、言語化が得意な人がいる環境に身を置くことが近道になります。自分がいる環境によって使う言葉が変わるのは当然のことです。

大阪弁を話すのは大阪に住んでいるから、というように、言語化は環境に左右されるところがあります。

言語化が得意な人が多い環境にいると、言葉が自然に出てくるような状況になり、言語化レベルを引き上げることができるのです。

もし今の環境で言語化力が高いなら上手に言語化できているはずですが、「まだまだ言語化ができていない」と成長の余地があると感じるなら、今いる環境が影響している可能性があります。

ポイント

言語化レベルを引き上げたいなら、言語化が得意な人が多い環境に身を置くこと。英語しか話さない環境に身を置くことで、英語が早く話せるようになるのと同じ。

言い切る勇気を持とう

なぜ言葉を言い切れないのか

自分の主張や意見を言い切って伝えることは、相手に対して自分の意志をはっきりと示すことなので、それには時として勇気が必要になることもあるでしょう。

しかし、**言い切ることは人の魅力を引き立てます**。それだけでなく、言い切る姿勢には、その人が持つ強さや自信、信念が表れます。自分の主張や意見がないと、その人がどれほどの想いを持って臨んできたのかが伝わりにくくなります。

「言い切れない」人は、語尾をぼんやりさせる傾向があります。**「〜だと思います」**

「〜と○○さんが言っていました」のように、自分の意見や主張ではない、と逃げ道をつくってしまいます。

自分の主張や意見を持たない人の話は、聞いていて面白くないと感じるでしょう。それは相手にとって魅力的なエネルギーを持つ言葉ではないからです。

これからは、思い切って、自分の主張や意見を言い切るようにしてみてください。特に「〜だと思います」は何気なく使うことが多い言葉です。これは自分では分かりにくく、無意識で使っているため、気づかないままになりがちです。

ぜひ、自分の話す言葉の語尾に意識を向けることを習慣化してください。そして、最初は身近な人から、勇気を持って自分の意見や主張を言い切って伝えてみましょう。ただし、全ての場面で自分の意見や主張を言い切って伝えることがいいわけではありません。場合によっては、一方的な押し付けとも受け取られかねませんし、我の強い協調性のない人と思われる可能性もあります。

相手や、相手の話に対してリスペクトし、「配慮すること」と「言い切ること」のバランスをとることが大切です。また、押し切るのではなく、相手に選択の余地を持たせることも必要です。

ポイント

言い切る姿勢から出てくる言葉には、強さや自信、信念が表れ、それが人の魅力となって映る。意見や主張を言い切ることは勇気が必要な場面もあるが、配慮することと言い切ることのバランスを大切にし、語尾に意識を向けることを習慣化しよう。

口癖、思考の癖を意識しよう

人は思っている以上に口癖を持っている

自分では意識していなくても、特定の言葉を繰り返し使用したり、感覚的にいいなと思っている言い回しに頼ったりしています。無意識に口癖を使うことで、感情や考えを表現しやすくなったり、コミュニケーションをとりやすかったりするのです。

しかし、「頑張る」「できる」といったポジティブな口癖ならいいのですが、**「できない」「あとでやる」「分からない」というようなネガティブな口癖は、周囲のモチベーションを低下させたり、雰囲気を重くしたりして、コミュニケーションの妨げになることがあります。**

ほかの人から口癖を指摘されたとき

ほかの人から口癖を指摘されることがありますが、そのようなときは「指摘された」と落ち込むのではなく、このような自分以外の人の視点やフィードバックは「ありがたいな」と受け入れてみましょう。それによって自分の言動を客観的に見つめ直すことができ、なぜそれが口癖なのか？という思考の癖が見つかるかもしれません。

興味を持って人の話を聞く

人の話を聞くときは、言葉だけでなく、自分のテンションにも意識を向けましょう。普段からテンションが低いと、そのテンションのまま会話をしてしまい「この人、私のこと興味ないんだな」「人の話聞いてないな」というように、相手に無関心な印象を与えかねません。

ダラッとした「ふ〜ん」というリアクションよりも、「ほうほう、それで？」のようにテンポを上げてリアクションするほうが、より活発な印象を与えることができます。

本当に興味がある話は真剣に聞くでしょうが、相手の話を「興味がない」と感じるときでも、「興味を持つように心がけて聞く」ことが大切です。

興味を持って話を聞いてくれていると感じられるのは、5W1H（いつ、どこで、何を、誰と、どうやって、なぜ）をきちんと尋ね、具体的な情報を把握しようとしているときです。

僕はこれらのことを全て聞くようにしています。「それっていつやったの？」「どこでやったの？」「誰とやったの？」「どうやってやったの？」といった疑問を投げかけて話を深掘りします。すると、相手も話を聞く姿勢でいてくれているのだなと理解してくれるし、そうやって深掘りしていくと、面白い話を引き出せることもあります。

話を要約することも言語化の練習になる

自分から話題を振るのが苦手だと、つい受け身で相手の話を聞くだけになりがちです。しかし、相手の話を聞くだけではなく、相手の話を要約して伝えるのも、積極的に会話に参加している印象を与えます。

「つまり、あなたはこのように感じたから、そのような行動をとられたのですよね?」など、相手が話している内容を要約して伝えるだけでも、相手がさらに気づきを得て、会話がもっと奥深いものになるでしょう。

要約して相手に伝える体験を積み重ねることも、言語化の練習に有効です。

ポイント

口癖は多かれ少なかれ誰もが持っているもので、その人の思考の癖が分かる。ネガティブな口癖が多い場合、思考の癖を知ることも大切。言語化が苦手だと会話においては受け身になるが、相手の話は興味を持って聞き、相手の話を要約して伝えてみよう。

言語化力は筋肉と同じ

言語化力は鍛え続けないと衰えてしまう

言語化力は、一種の認知能力であり、意識的な訓練や継続的な活用によって向上するものです。これは筋肉と同じで、使わなければ徐々に言語化力が低下していきます。

実際に僕もコンサルタントとして、ライブ配信を週2回、1時間行うことを続けてきました。最初のころに配信した録画を見ると、話し方が拙く、エネルギーも不足していたなと感じます。話すスピードも遅く、言葉に迷ったりもしていました。しかし、1時間×2回を毎週続けてきたことで、それらの課題を乗り越えて今があります。

まさに筋トレや自転車の練習と同じで、「なぜそんなにスラスラ話せるの？」と言

われても、それは日々の訓練の積み重ねしかないのです。

人と会話する時間を持つことがトレーニングになる

筋トレをしたことがない人が腕立て伏せをしようとすると、「10回でも無理だ……」となってしまうでしょう。しかし、毎日続けることで、やがて10回は簡単にできるようになり、さらに回数を増やしていけるようになります。言語化も同様で、最初はうまく表現できなくても、続けることが重要です。

また、意識的に言語化することが必要な状況をつくるようにするのもひとつの方法です。

筋トレで、ジムに通うことが継続できない人は、パーソナルトレーナーをつけるという選択肢があります。そうすると、自然とトレーニングの時間が増えてきます。自分一人でトレーニングするよりも、誰かと一緒に取り組むほうがモチベーションが維持しやすくなり、結果も早く出せます。

言語化も同じです。一人で考え込むよりも、ほかの人と時間を共有して試行錯誤を重ねたほうが早く上達します。

会話をする時間を意識的に増やすだけでなく、食事や温泉など、一緒に何かをすることもトレーニングになります。なぜなら、**誰かと一緒にいる時間が言語化のアウトプットの場になる**からです。**言語化する場を求めるなら、誰かと一緒にいる時間を増やしましょう**。

「ダイヤモンドはダイヤモンドでしか磨けない。人は人でしか磨かれない」といいます。言語化力も人との対話の中でしか磨かれません。会話の回数を重ねるほどに、言語化力は磨かれていきます。

ポイント

言語化力は筋トレと同じで、日々の対話から磨かれ鍛えられていく。誰かと一緒に行動したり会話をしたりすることで、それが言語化のアウトプットの場になる。会話の回数を重ね、言語化力を磨いていこう。

おわりに　自分の言葉で伝えられる人になろう

今後ますますＡＩが進化する世界では、「誰が」「何を」「どういうふうに」言葉にするかによって、人としての価値や評価が変わるでしょう。仕事が機械に置き換えられた事例を見ると、レジの自動化など「人間味よりもマニュアルが重視される作業」を行っているものばかりです。これからは「**その人の経験や生き様など、機械に置き換えることができないものを持っているか**」が大きな分かれ道となります。

特にＡＩの進化を見ていると、**今すぐにでも言語化力を身につける必要性**を感じます。なぜなら、ＡＩは言語化を得意とするからです。ＡＩに「こういうのってどうしたらいい？」とか「これでいいか考えて」といった特定の問いかけをすると、適切な回答が素早く提供されます。

特に仕事においては、言語化力があることで重宝される人材になります。ＡＩの精度が今後ますます上がり続ける中で、自分の考えを明確に伝えられる言語化力があると、「自分にしかできない仕事」をすることができます。

それほど重要な言語化力であるのに、普段は意識せず言葉を使っています。これまでにお伝えしてきたように、まずは言語化することへの意識から変えてみてください。自分が大事じゃないと思っていることを逆に疑ってみる好奇心が必要です。

一度自らの固定観念を手放し、新しい視点で物事を考えてみると、全く新しい発見があるかもしれません。**「やりたくない」「苦手だ」と思っていたことでも、実際に経験してみると意外と楽しいものになることがあります**。

同じ行動を続けても、現実は変わりません。変化は待つものではなく、自ら積極的につかみ取るものです。**変化は、「自分で変化を起こそうとする人にしか気づけないもの」**なのです。

金山拓夢

金山拓夢

株式会社TAKUMU代表取締役。神戸大学海洋政策科学部中退。在学中の2021年1月に独立しWeb制作事業、SNS集客コンサルティング事業を開始。事業開始1年で年商2.5億円を突破。

自身が運営するSNSマーケティング事業のクライアント数は1年で500人を超え、LIVE配信を駆使したSNS集客「LIVEローンチ戦略」は大きな反響を呼び、言語化スキルを習得したい方が全国に続出。

頭の回転が速い人の言語化のコツ

2024年 4 月23日　初版発行

著　者　金山拓夢
発行者　野村直克
発行所　総合法令出版株式会社
〒103-0001 東京都中央区日本橋小伝馬町 15-18
EDGE 小伝馬町ビル 9 階
電話　03-5623-5121
印刷・製本　中央精版印刷株式会社

落丁・乱丁本はお取替えいたします。

ISBN 978-4-86280-943-8

総合法令出版ホームページ　http://www.horei.com/